Wenn Schlosstore sich öffnen

Wenn
Schlosstore sich öffnen

von
Eva Maria Fuchs und Manuel Birgmann

SüdOst Verlag

Die Deutsche Bibliothek – CIP Einheitsaufnahme
Eva-Maria Fuchs/Manuel Birgmann :
Wenn Schlosstore sich öffnen: Zu Besuch bei Adelsfamilien in Ostbayern /
Eva Maria Fuchs, Manuel Birgmann
Waldkirchen: SüdOst-Verl., 2001
ISBN 3-89682-051-6

Bildnachweis: Manuel Birgmann, Eva Maria Fuchs und Privateigentum der jeweiligen Familien

ISBN 3-89682-051-6

Dieses Buch ist der niederbayerischen Heimatgeschichte gewidmet

Vorwort

Etwa vor einem Jahr war ich bei einer Hochzeitsfeier in der Schlossgaststätte in Moos eingeladen. Ich saß an einem Tisch mit Gästen, die alle, wie ich, von auswärts kamen. Wir haben uns über dieses und jenes unterhalten. Schließlich sagte ein Gast: „Ich habe gesehen, dass es in Moos ein großes Schloss gibt? Ist das eigentlich noch bewohnt? Wem gehört es?" Ein anderer Gast: „Im Bayerischen Wald soll es ja auch noch Adelige geben?" Wieder ein anderer: „Wovon leben die denn heute?" Fragen über Fragen. Jeder wusste ein paar Details, doch niemand Genaueres. Grund genug für mich, als Redakteurin, der Sache auf den Grund zu gehen, zumal ich bermerkt hatte, dass das Interesse an den „Blaublütigen" überaus groß war.

Also begann ich, über die Adeligen in Ostbayern zu recherchieren: Wie leben die Grafen und Barone heute? Was ist geblieben aus vergangenen Tagen? Was gilt der Klang alter Namen in modernen Zeiten? Zusammen mit meinem Kollegen, dem Fotografen Manuel Birgmann, war ich zu Gast in Schlössern, Landhäusern und auf Gütern. Die Adeligen haben mir Einblicke in ihr Leben und Wohnen gewährt. Entstanden ist schließlich Mitte des Jahres 2000 eine umfassende Serie in der Passauer Neuen Presse mit dem Titel „Adel in Ostbayern", in der ich Adelsfamilien vorstellen durfte.

Dass die Serie, die wöchentlich erschienen ist, bei den Lesern gut ankommen würde, hatte ich erwartet; mit einer derartig großen Resonanz jedoch nicht gerechnet: So haben sich viele Adels-Fans die Zeitungsgeschichten vollständig nachschicken lassen, viele haben mich persönlich darauf angesprochen, mir eine E-mail geschickt oder mich sogar zu Hause angerufen. Dabei wurde ich immer wieder mit der Frage konfrontiert: Wann erscheint denn das Buch zur Serie?

Nach reiflicher Überlegung haben sich mein Kollege Manuel Birgmann und ich nun doch entschlossen, unsere Eindrücke und Erlebnisse in einem Buch zu veröffentlichen. Wir wollen damit dem vielfachen Wunsch nach einem festgebundenen Werk über den „Adel in Ostbayern", das in dieser Form einmalig ist, nachkommen.

Zum Schluss möchte ich mich noch ganz herzlich bei allen bedanken, die mich sowohl bei der Recherche als auch bei der Arbeit zu diesem Buch unterstützt haben, insbesondere natürlich bei den Adelsfamilien für ihre kooperative und aufgeschlossene Zusammenarbeit. Mein spezieller Dank gilt jedoch meiner Familie, vor allem meinen Kindern Raffael und Rebecca, die während dieser Zeit des Öfteren ihre Mama entbehren mussten.

Ruderting, im Mai 2001

Eva Maria Fuchs

Vorwort von
Dr. Karl Benedikt Freiherr von Moreau

Ostbayern – ein Landstrich der leisen Schönheit. Ein Kulturraum seit den Anfängen europäischer Geschichte. Das Landschaftsbild wird geprägt von schweren, fruchtbaren Böden, stolzen Vierseithöfen, Marktgemeinden und gotischen oder barocken Kapellen, Kirchen und Schlössern.

In diesem Buch wird den Schlössern und deren Bewohnern besondere Aufmerksamkeit gewidmet. Das Buch „Wenn Schlosstore sich öffnen" stellt einige der in Ostbayern lebenden adeligen Familien vor, es versucht, ihr Leben und ihr Selbstverständnis festzuhalten.

Der Adel gilt als ein universalgeschichtliches Phänomen und hat über Jahrhunderte das politische und gesellschaftliche Leben stark geprägt. Formen der Adelskultur gibt es von Europa bis nach Japan. Im Abendland geht die Adelsgesellschaft bis in die Antike und in Deutschland bis in die Altgermanische Zeit zurück. Aus Stammesfürsten der frühesten Zeit entwickelte sich der Adelsstand, der später in differenzierteren Gesellschaften sowohl die militärische Schutzfunktion kleinerer oder größerer Gruppen, als auch deren Verwaltung und Interessensvertretung nach außen übernahm. Schließlich wurden dem Adel Hoheitsfunktionen (wie z. B. die Gerichtsbarkeit) vom Landesherren oder vom Kaiser übertragen. Zur Ermöglichung der Ausübung von Schutz- und Hoheitsfunktionen erhielt der Adel Ländereien und das Recht auf bäuerlichen Frondienst.

Schon früh unterschied man den Geburtsadel und den Dienstadel. Aus dem Geburtsadel entwickelte sich der sogenannte höhere Adel. Dieser höhere Adel war mit staatlichen Hoheitsrechten ausgezeichnet und hatte seit dem 16. Jahrhundert Stimmrecht auf dem Reichstag. Der Dienstadel leistete den Königsdienst und war mit Lehen ausgestattet. Aus dem Dienstadel entwickelte sich der mittelalterliche Ritterstand, der teils reichsunmittelbar, teils den fürstlichen Landesherren unterstellt war. Im 14. Jahrhundert begann die Verleihung des Adels durch Adelsbrief des Kaisers, seit 1806 aller deutscher Landesfürsten. So unterscheidet man den sogenannten jüngeren Adel oder Briefadel vom Uradel, zu dem man alle vor 1350 als ritterbürtig nachweisbaren Geschlechter rechnet. In der Regel wurde der Adel als erblicher Adel, seltener als persönlicher Adel verliehen. In Deutschland wurden 1789, 1848 und zuletzt 1919 zunehmend alle Sonderrechte des Adels abgeschafft, seither wird der Adelstitel nicht mehr verliehen und ist in Deutschland nicht Titel, sondern Bestandteil des Namens. Die meisten Adeligen leben heute in normalen Berufen, einige leben in den erhaltenen Familiensitzen.

In Ostbayern herrschte – anders als z. B. in Oberbayern – eine charakteristische Kleinteiligkeit der adeligen Herrschafts- und Besitzverhältnisse. Während in Oberbayern vorwiegend große Besitztümer verschiedener Klöster und auch der Wittelsbacher und anderer großer Adelsfamilien lagen, wurde Niederbayern und Ostbayern Sitz vieler kleinerer Adels- und Ministerialenfamilien. Damit war die Entstehung einer großen Zahl von politischen und kulturellen Mittelpunkten (Hofmarken, Schlösser, Burgen) verbunden. Von diesen gingen wichtige Impulse in wirtschaftlicher (Marktsiedlungen, Glashütten usw.) und kultureller (kirchliche Stiftungen, Bautätigkeit usw.) Hinsicht aus. Diese Impulse prägen bis heute das Erscheinungsbild des ostbayerischen Raumes durch die Entwicklung einer vielgestaltigen Kulturlandschaft mit an markanten Stellen in der Landschaft gelegenen Baudenkmälern.

Der Begriff „Burg" leitet sich von den Begriffen „bergen" und „geborgen" ab. Älteste Burgen sind bereits keltische Fliehburgen und römische Befestigungsanlagen, in die sich die Bevölkerung bei Angriffen von Feinden zurückziehen konnte. In späterer Zeit gesellte sich zur Schutzfunktion auch das Element der Herrschaft. Burgen blieben Zufluchtsstätten, wurden aber immer mehr auch Sitz eines Adelsgeschlechtes und der lokalen Verwaltung. Oft wurden auch ganze Ortschaften zu burgartigen Befestigungen ausgebaut. Als dann durch die aufkommenden Feuerwaffen die Verteidigungsfunktion von Burganlagen nicht mehr gewährleistet war, verlor die Schutzfunktion an Bedeutung. Viele Burgen wurden zerstört, verfielen zu Ruinen oder wurden im 15. und 16. Jahrhundert zu Schlössern umgebaut. Anstatt der Mauerringe traten Parkanlagen, anstatt der Zugbrücken wurden prunkvolle Zufahrten gebaut. Architektonische Schönheit, Repräsentation und Demonstration von Macht und Reichtum wurden zum Maßstab. Schlösser wurden Zentren der adeligen Kultur und Verwaltung und Sitz der Adelsfamilien. Als Blütezeit der Schlossarchitektur kann sicherlich die Barockzeit angesehen werden. Nach dem Wegfall der Lehensrechte wurden die deutlich verkleinerten Ländereien oft von Gutshöfen aus, die meist im Schlossbereich integriert waren, bewirtschaftet.

Früher waren Burgen und Schlösser mit dazugehörigen Ländereien Ausdruck und Garant der Souveränität und gaben den Adeligen die Möglichkeit, in wirtschaftlicher und politischer Unabhängigkeit dem König und dem Land als Beamte oder im Militärdienst zu dienen. Heute muss man bemüht sein, nicht zum Sklaven seines Besitzes zu werden. Denn heute sind diese Besitze oft mit großer Last verbunden, da der Erhaltungsaufwand für die Gebäude die heutigen wirtschaftlichen Möglichkeiten der dazugehörigen Land- und Forstwirtschaft manchmal bis an die Grenzen oder darüber hinaus aufzehrt. Meist ist es notwendig, zur weiteren Existenzsicherung zusätzliche Einkommensquellen zu erschließen bzw. zusätzlich in Berufen außerhalb der Land- und Forstwirtschaft zu arbeiten. Dadurch, aber auch mit der Unterstützung durch denkmalpflegerische Institutionen, konnten einige Schlösser in den letzten Jahrzehnten renoviert werden und erstrahlen heute wieder in altem Glanz. Soweit es die wirtschaftlichen Verhältnisse erlauben, sind Schlösser bis heute immer auch Mittelpunkte für die Umgebung, für die Großfamilie, für Freunde, Verwandte und Gäste.

Neben Familiensinn und Gastfreundschaft versuchen viele Adelsfamilien, ihren Kindern auch christliches Selbstverständnis und abendländische Kultur zu vermitteln, sie zu erziehen im Spannungsfeld zwischen Liebe zur Heimat und Weltoffenheit, zwischen Wertorientierung und Toleranz, zwischen Bewahren von Bewahrungswürdigem und Modernität – ganz nach dem berühmten Wort: „Tradition bedeutet nicht, die Asche zu bewahren, sondern das Feuer weiterzutragen."

Gerne bin ich dem Wunsch der Autorin nach einem Vorwort entgegengekommen. Es ist Frau Eva Maria Fuchs gelungen, mit sehr viel Einfühlungsvermögen einige ostbayerische Adelsfamilien in ihrem täglichen Leben zu porträtieren. Es ist ihr gelungen, Schlosstore zu öffnen und Klischees aufzubrechen. Sie zeigt Menschen, die leben, denken und fühlen, wie viele andere auch – Menschen, die versuchen, durch harte Arbeit und straffe Organisation die Existenz ihrer Familien und des Besitzes zu sichern, die überlieferte Kultur zu pflegen und vielseitig engagiert und modern in die Welt hineinzuwirken.

Frau Fuchs, Herrn Birgmann und dem SüdOst Verlag möchte ich an dieser Stelle herzlich für ihren Beitrag zu dieser Veröffentlichung danken und zum Erscheinen dieses Buches gratulieren. Ihnen, verehrte Leser, wünsche ich nun viel Freude an der Begegnung mit den vorgestellten Familien.

Im April 2001

Dr. Karl Benedikt Freiherr von Moreau

Schloss Oberzwieselau: 1839 wurde es von Benedikt von Poschinger im klassizistischen Stil erbaut. Baron Ali von Wolffersdorff hat es grundlegend restauriert und daraus ein gepflegtes Schloss mit 40 überwiegend historischen und bewohnbaren Zimmern gemacht. Oben: Das Mellin Wolffersdorff´sche Wappen.

Baron Ali von Wolffersdorff mit seiner Familie auf Schloss Oberzwieselau

Ein Baron der Taten und Träume

Irgendwie verehrt Baron Joachim von Wolffersdorff ihn schon ein wenig, den König der Bayern, Ludwig II. Und irgendwie kann er nicht verstehen, warum „der Kini" als nutzloser Zeitgeist kritisiert wird. Hat er doch seine Träume verwirklicht. Ein Mann, ohne den die jüngere Bayerische Geschichte um einige Facetten ärmer wäre, meint er. Als Herr auf Schloss Oberzwieselau im Bayerischen Wald ist Baron Ali von Wolffersdorff – nach seinem weiteren Vornamen gerufen – keinesfalls ein fanatischer Anhänger des Märchenkönigs. „Ich bewundere aber den Ideenreichtum und die Phantasie des bayerischen Monarchen."

Fast märchenhaft in Wälder und Wiesen eingebettet liegt auch Schloss Oberzwieselau, 1839 von Benedikt von Poschinger im klassizistischen Stil errichtet. Von Kriegs-

Die Hausherren auf Schloss Oberzwieselau: Baronin Susanne und Baron Ali von Wolffersdorff.

In der Schloss-Bibliothek hält sich Baron Ali von Wolffersdorff am liebsten auf.

schäden zwar verschont, setzten die Jahre der amerikanischen Besatzung und die Aufnahme zahlreicher Flüchtlinge dem Gebäude erheblich zu. Baron Ali von Wolffersdorff hat das Bauwerk innen und außen restaurieren lassen. Heute steht da ein gepflegtes Schloss mit 40 überwiegend historischen und bewohnbaren Zimmern. Schmuckstück des Hauses ist ein Jugendstilsaal.

Das Lieblingszimmer des Baron aber ist die Bibliothek. Am antiken Rundtisch sitzend, das Handy griffbereit auf einem Nebentisch, sucht der 1933 geborene Baron hier Ruhe vom Alltag – einem Zwölf-Stunden-Tag. Besitztümer in Oberzwieselau, Zwiesel, Ludwigsthal, Wolfersdorf (bei Freising) und Kitzbühel (Tirol) wollen verwaltet werden. Insgesamt 1500 Hektar Grundbesitz, davon 60 Hektar landwirtschaftliche Nutzfläche sind zu bewirtschaften. Zum Eigentum gehört außerdem ein 100 Hektar großer Golfpark in Oberzwieselau. Eine landschaftsgebundene Meisterschaftsanlage mit Clubhaus.

„Während meiner Amtszeit als 1. Bürgermeister der Gemeinde Lindberg von 1972 bis 1990 wollte ich irgendetwas für den Fremdenverkehr hier im Bayerischen Wald tun", erzählt der Baron. An Ideen hat es ihm dabei wahrlich nicht gemangelt. Einen Skilift, einen Stausee wollte er bauen. Die Vorhaben wurden nicht genehmigt. „Aus Naturschutzgründen", sagt er. Grünes Licht gab es schließlich für den Golfpark. 1993 hat Ali von Wolffersdorff das Großprojekt fertiggestellt und sich damit einen Traum erfüllt.

Esszimmer im Erdgeschoss des Schlosses.

Einladend präsentiert sich beim Gang durch das Schloss auch das gemütliche Kaminzimmer mit Blick auf den Schlosspark und den Schlossteich. Eine weiße Couchgarnitur ist umgeben von antiken Schränken und Kommoden, auf denen Fotos der Kinder in silbernen Rahmen stehen. Doch nicht im Wohnraum mit der Stuckdecke, mit mannshohen Gemälden des 18. und 19. Jahrhunderts an den Wänden hält sich Susanne von Wolffersdorff am liebsten auf. Das Frühstückszimmer mit Blick auf die Einfahrt ist der Lieblingsort der 1960 geborenen Baronin. Dorthin haben sie und ihr Mann auch zum späten Frühstück eingeladen. In den Raum, wo um 10 Uhr die Morgensonne das ganze Zimmer erhellt. Baronin Susanne von Wolffersdorff reicht Pfirsichmarmelade.

Selbstgemacht? „Selbstverständlich!"

Selbstverständlich ist für die Baronin vieles: einkaufen, kochen, für sich und ihren Mann und auch für Gäste. Und manchmal putzt sie sogar die Fenster. Eine ständige Haushaltshilfe geht ihr zwar zur Hand. Aber es macht ihr auch nichts aus, selber mit anzupacken. „Längst vorbei sind die Zeiten, in denen Butler, Hausdame und Köchin für uns tätig waren. Das kann man sich heute nicht mehr leisten", erklärt der Baron. Je nach Bedarf – bei größeren Einladungen oder Empfängen – stünde natürlich zur Entlastung seiner Frau mehr Personal zur Verfügung.

Susanne von Wolffersdorff ist die zweite Ehefrau des Baron. In erster Ehe war er mit Gräfin Barbara Mellin verheiratet. Aus dieser Ehe stammen die Töchter Katharina, Benedikta und Julia. Gräfin Barbara von Mellin-Wolffersdorff, eine begeisterte Jägerin, starb 1975 bei einer Jagd nach verwilderten Zwerghühnern in der Nähe des Schlosses, als sich im Unterholz ein Schuss aus ihrer Schrotflinte löste. Ali von Wolffersdorff wird danach „aus vermögens- und erbrechtlichen Gründen" vom Onkel seiner Frau, Bodo Alexander Baron von Maydell, adoptiert.

Einige Jahre später heiratet Baron Ali von Wolffersdorff Susanne Feller. Für die damals gerade 20-jährige war es nicht leicht, das Erbe der Verstorbenen anzutreten. Gräfin Barbara von Mellin-Wolffersdorff war eine Frau, die durch ihr soziales und humanitäres Engagement in der Bevölkerung überaus geschätzt und beliebt war. „Oft wurde sie mit einer Heiligen verglichen“, erzählt der Baron und nennt noch einen weiteren Grund: „Sie ist in Oberzwieselau aufgewachsen.“

Ein Vorzug, den Susanne von Wolffersdorff nicht hat. Sie stammt aus einer alteingesessenen Bauersfamilie in Hochfilzen im Bezirk Kitzbühel (Tirol) und wird – nach dem Abitur – die neue Baronin von Wolffersdorff. „Oft habe ich mich wie im Glashaus gefühlt. Vielleicht war es gut, dass ich so jung war. Da ist man noch unbeschwerter“, erinnert sich die Baronin und schmunzelt ein wenig. Ihr Mann nickt. „Die Zeit damals war nicht einfach. Da waren meine Töchter aus erster Ehe, die in einem ähnlichen Alter wie meine Frau waren.“ Die Rolle der Mutter für die Stieftöchter hat Baronin von Wolffersdorff aber nie übernommen. Das wollte sie auch nicht. „Wir haben ein freundschaftliches Verhältnis zueinander. Und sie haben mich auch nie etwas Gegenteiliges spüren lassen.“

1979 kommt der gemeinsame Sohn Alexander auf die Welt. „In der Schule ein gescheiter Kerl, er war immer der Jahrgangsbeste“, so der Baron, „1999 hat er im Benediktinergymanisum des Klosters Ettal sein Abitur gemacht.“ Rechtsanwalt will er einmal werden. Der Vater begrüßt es: „In so einem großen Betrieb gibt es immer rechtliche Probleme, deren Lösung meist mit hohen Kosten verbunden ist. Da ist ein Jurist in der Familie ganz nützlich.“

Auf Schloss Oberzwieselau ist Alexander eher selten anzutreffen. Nichts Ungewöhnliches. Kinder aus Adelskreisen verlassen meist früh das Elternhaus. Alexander lebt seit seinem zehnten Lebensjahr im Internat. Der Baron: „Sie sollen schnell selbständig werden, früh Lebenserfahrung sammeln, früh reif werden.“ Reif für ein standesgemäßes Leben als Adliger? Baron Ali von Wolffersdorff lacht. „Standesgemäß – das wäre anmaßend, es so zu sagen. Was ist das denn für ein Stand? Der wurde doch 1918 abgeschafft. Wir erziehen unsere Kinder so wie wir meinen, dass sie glücklich werden können.“

Noch unklar ist die Nachfolge auf Schloss Oberzwieselau und in Wolfersdorff. Katharina, die älteste Tochter, Journalistin, hat 1986 den Industriellen Michael Deckel geheiratet. Julia, die Jüngste, ist Dolmetscherin und noch unverheiratet. Und die mittlere Tochter Benedikta hat in New York und Florenz Kunstgeschichte studiert und 1998 in der Zwieseler Pfarrkirche Georg Prinz zu Sayn-Wittgenstein-Hohenstein geheiratet. Auf Schloss Oberzwieselau wurde gefeiert – eine Traumhochzeit. „Ein halbes Jahr haben wir uns darauf vorbereitet“, erinnert sich der Baron und zeigt Fotos von den Feierlichkeiten und den

Geschwister, die sich blendend verstehen (von links): Benedikta, Katharina und Alexander.

Idyllisch in die Natur des Bayerischen Waldes eingebettet ist der Golfpark Oberzwieselau mit dem Clubhaus. 100 Hektar ist die landschaftsgebundene 18-Loch-Meisterschaftsanlage groß. Der Golfpark Oberzwieselau ist über die Ausfahrt Zwiesel Mitte in Richtung Nationalpark Bayerischer Wald nach drei Kilometern zu erreichen.

400 hochkarätigen Gästen: Constantijn von Oranien, Sohn der holländischen Königin, Prinz Constantin von Liechtenstein, Erbprinz Alexander zu Schaumburg-Lippe oder der „Bergherr" des Arbers, Erbprinz Karl Friedrich von Hohenzollern -Sigmaringen.

Mit dem Adel pflegen die Baronin und der Baron einen regelmäßigen Kontakt, sei es bei Familienfesten oder privaten Veranstaltungen. Mehrere Male im Jahr lädt das Ehepaar zu gesellschaftlichen Empfängen auf Schloss Oberwieselau ein. Oder man trifft sich im Golfpark-Clubhaus. Das gehört in das Aufgabenfeld der Baronin. Der Baron seinerseits nimmt sich der Golfanlage an. 300 Mitglieder sind hier eingetragen; eine Million Mark jährlich kostet sie allein an Unterhalt. Das Geld – ebenso wie die 120 000 Mark pro Jahr, die Schloss Oberzwieselau erfordert, oder die jährlich 130 000 Mark für die übrigen Besitztümer – bezieht Ali von Wolffersdorff zum Teil aus der Forst- und Landwirtschaft. „Nach der Grenzöffnung gen Osten sind die Holzpreise aber stark zurückgegangen. Dazu kommen Schäden durch den Borkenkäfer und der fast alljährliche Schneedruck." Der Baron musste andere Finanzquellen schaffen. Einnahmen aus vermieteten und verpachteten Immobilien, auch Wertpapiere und Aktien sichern heute die Existenz der Familie und des Mellin-Wolffersdorffschen Besitzes.

Keine Zeit bleibt dem Baron für seine besondere Liebe, der Pferdezucht und dem Turniersport. 1963 gründete er den 1. Reit- und Fahrverein im Bayerischen Wald. 20 Jahre war er Vorsitzender des Reitverbandes. „Als ich dann Bürgermeister geworden bin, habe ich diesen Sport völlig aufgegeben." Die Kommunalpolitik war ihm wichtiger und der Dienst am Bürger.

Aufgegeben hat Ali von Wolffersdorff auch seine berufliche Laufbahn als Regisseur und Produzent. Das war, als er

Die ersten Schläge auf dem neuen Golfplatz 1992 mit Franz Beckenbauer.

Gräfin Barbara Mellin geheiratet hat. „Nachdem ich Kirchengeschichte studiert hatte, ging ich zum Film, erlernte dort die Regie- und Kameraarbeit. 1957 holte mich dann Georg Richter, der Herstellungsleiter der Bavaria-Filmkunst-AG, als Assistent für den ersten Skifilm „Der schwarze Blitz" zusammen mit Toni Sailer, dem siebenfachen Skiweltmeister und dreifachen Olympiasieger." Im Jahr darauf folgt in Wien ein weiterer Skifilm „Zwölf Mädchen und ein Mann". Und ein weiteres Jahr später machte ihn Bernhard Wicki zum Produktionsleiter für den erfolgreichen deutschen Film „Die Brücke". „Ja, ich hatte in der Filmbranche eine Karriere vor mir", sagt der Baron, und er wirkt nachdenklich.

Wenn er aber davon spricht, was aus der Filmindustrie geworden ist, verfliegt die Wehmut: „Die meisten Filme verflachen immer mehr. Alles läuft nur noch nach dem Geschmack der Masse. Und der Erfolg eines Filmes hängt auch nicht mehr von seiner Qualität ab, sondern von seiner Vermarktung und den verliehenen Preisen, deren Provenienz nicht immer einfach zu erklären ist." Was Ali von Wolffersdorff aus dieser Zeit geblieben ist, sind gute Freunde: Toni Sailer, Dietmar Schönherr, Harry Valerien, Franz Beckenbauer, um nur einige zu nennen. Von dem sogenannten Jet-Set aber distanziert sich der Baron. „Der ist mir zuwider. Dieses Drumherum beeindruckt Menschen, die das nötig haben oder für ihre Existenz brauchen."

Da fährt er lieber mit seiner Frau in seinen Kitzbüheler Hof zum Skifahren oder spielt Golf auf seiner Anlage. Oder geht in die Oper. Ali von Wolffersdorff liebt die Musik. Richard Wagner ist sein Lieblingskomponist. „Tannhäuser" und „Parsifal" sind seine Lieblingsopern. Deren Musik klingt auch oft durch Schloss Oberzwieselau.

Auf dem Golfplatz in Oberzwieselau: Baron Ali von Wolffersdorff mit Prinz Willem-Alexander von Oranien, Sohn und Thronfolger der holländischen Königin.

Oft ziehen sich Baronin Susanne und Baron Ali von Wolffersdorff in den stilvoll eingerichteten und gemütlichen Salon des Schlosses zurück.

„Da träume ich dann ein bisschen vom Mittelalter, betrachte mein schönstes Bild, „Die Gralsburg" von Hans Thoma, denke an unser Leben und an die Ewigkeit und daran, was man vor Letzterer noch erreichen kann."

Stammbaum: Schloss Oberzwieselau

Wahrscheinlich hat Hans Preißler, Sohn des Hüttenmeisters Niklas Preißler und der Witwe von Hans Poschinger, Mitte des 17. Jahrhunderts in Oberzwieselau ein erstes Herrenhaus errichtet.

Das Glasherrenschloss ließ Benedikt von Poschinger um das Jahr 1839 erbauen. In dem Seitenflügel auf der Nordseite befand sich von 1840 bis 1865 die erste Schule in der Geimeinde Lindberg für die Kinder der Glasmacher und anderen Mitarbeiter des Gutes.

Von 1434/37 bis zum Jahre 1918 hatte das Glashüttengut Oberzwieselau folgende Besitzer:

Der Lindberger Bürgermeister Karl Liebl hat Baron Ali von Wolffersdorff 1998 die Ehrenbürgerwürde der Gemeinde Lindberg verliehen. Von 1972 bis 1990 war der Baron 1. Bürgermeister der Gemeinde Lindberg.

1434/37 bis 1568	u. a. Niklas Glaser, Martin Glaser,
um 1550	der Zwieseler Richter Georg Zadler
1568 bis 1604	Joachim Poschinger und seine Söhne Hans und Paulus
1602 bis 1677	Niklas und Hans Preißler
1677 bis 1705	Johann Jakob Poschinger und Georg Wilhelm Poschinger
1705 bis 1808	Johann Adam, Ignaz und Niklas Hilz
1808 bis 1918	Benedikt, dann Sohn und Enkel Benedikt von Poschinger.

1998 heiratete Benedikta Freifrau von Wolffersdorff in der Zwieseler Pfarrkirche Georg Prinz zu Sayn-Wittgenstein-Hohenstein, und die Verwandtschaft freute sich mit dem Brautpaar (v. l. hinten): Baron Alexander von Wolffersdorff, Baronin Julia von Wolffersdorff, Prinz Botho zu Sayn-Wittgenstein-Hohenstein, Katharina Deckel. (Vordere Reihe v. l.): Baronin Susanne von Wolffersdorff, Baron Ali von Wolffersdorff, das Brautpaar, Prinzessin Elisabeth zu Sayn-Wittgenstein-Hohenstein.

Mit dem Tode von Benedikt von Poschinger 1918 verliert Oberzwieselau seinen letzten männlichen Erben. Benedikts einzige Tochter, Maria Helene, erbt eine Glasfabrik, 2500 Hektar Wald und den 350 Hektar großen landwirtschaftlichen Betrieb. 1925 heiratet sie den baltischen Grafen Bernd August von Mellin. Nachdem dieser der letzte männliche Erbe der traditionsreichen Grafen von Mellin ist, führen seine einzige Tochter Barbara, die Baron Joachim von Wolffersdorff heiratet, und später deren Familie Namen und Wappen der Grafen Mellin weiter.

1929, am Höhepunkt der Wirtschaftskrise, erlebt Oberzwieselau eine Windwurfkatastrophe, der innerhalb von wenigen Minuten 200 000 Festmeter Holz, Gebäude und sonstige Einrichtungen zum Opfer fallen. Fast 1000 Hektar Land- und Forstwirtschaftsflächen sind zerstört. Weil Holz in dieser Zeit nahezu unverkäuflich ist, steht der Untergang des Betriebes zu befürchten. In dieser beängstigenden Situation gelingt es, durch Aufnahme hoher Kredite und die 1933/34 einsetzende Osthilfe des Deutschen Reiches, die Existenz des Gutes zu retten.

Maria Helene Gräfin Mellin bewirtschaftet später dann mit ihrer 1933 geborenen Tochter Barbara mit viel Mühe, Einschränkung und Sparsamkeit das erheblich kleiner gewordene Oberzwieselau. 1961, nach dem Ausscheiden des Gutsverwalters Richard Ast, übernimmt Baron Ali von Wolffersdorff den landwirtschaftlichen Betrieb und kurz darauf den Gesamtbetrieb.

1973 übernimmt Gräfin Barbara von Mellin-Wolffersdorff den Besitz von ihrer Mutter. Der Besitz wird vorsichtig saniert, so dass bei sparsamer Bewirtschaftung schon erste schmale Gewinne erzielt werden können. 1975 stirbt Gräfin Barbara Mellin-Wolffersdorff bei einem Jagdunfall. Aus familiären Gründen wird Freiherr von Wolffersdorf ein Jahr später vom Onkel seiner verstorbenen Frau, Bodo Alexander Baron von Maydell, adoptiert. Seit dem Tode seiner ersten Frau führt Baron Ali von Wolffersdorff Schloss und Gut Oberzwieselau.

Myrrha Freifrau von Aretin und ihre Familie

Die Waldbäuerin von Haidenburg

Aretin ... von Aretin .... Gab es da nicht eine Annette von Aretin? Natürlich. Die Annette von Aretin aus „Was bin ich?". Die Annette von Aretin, die in Robert Lembkes Kultsendung die besondere Art des Fragens bis zur Perfektion beherrschte. Myrrha Freifrau von Aretin und ihr Sohn Adam Freiherr von Aretin kennen die „Putzi" gut, wie sie in Verwandtenkreisen genannt wird. Und sie wissen, dass der Name Aretin heute noch mit der ehemaligen Journalistin in Verbindung gebracht wird. „Macht doch nichts", meint der Freiherr, „die Putzi ist ja eine gescheite Frau. Mein Urgroßvater und ihr Großvater waren Brüder. Früher hat sie uns in Haidenburg oft besucht."

In Haidenburg bei Aldersbach wohnen Mutter und Sohn, aber nicht im alten Schloss hoch oben auf dem Haidenburger Berg. Das haben die Aretins vor Jahrzehnten an einen Privatmann verkauft. Der Freiherr lebt mit seiner Familie in einem Wohnhaus am Ortsrand; die Freifrau nur wenige Meter davon entfernt im 1960/61 erbauten „Neuen Schloss", einem herrschaftlichen Landhaus, in dem auch die Büros Platz haben. „Nach reiflicher Überlegung haben mein Mann und ich uns entschlossen, neu zu bauen. Die Pflege und der Erhalt des alten Schlosses hätten mich viel Zeit gekostet, die ich – ehrlich gesagt – lieber dem Wald widmen wollte. Ich bin halt lieber Waldbäuerin als Hausfrau geworden", erinnert sich die Freifrau. „Für den Bau des neuen Schlosses, so wie ich mir das vorgestellt habe, brachte der Verkauf aber zu wenig Geld." Also hat sich Myrrha von Aretin von einem wertvollen Gemälde getrennt, mit dem Erlös die Hälfte des Haus-Neubaus finanziert. „Damals brauchte man noch keinen Architekten.

Herrin im „Neuen Schloss" in Haidenburg: Myrrha Freifrau von Aretin. Ihre große Leidenschaft ist der Wald.
(Foto: Jörg Schlegel, Passau.)

Deshalb habe ich die Pläne gemacht und die Bauaufsicht geführt; mein Mann war für die Materialbeschaffung zuständig. Da haben wir uns viel Geld gespart. Als Bauholz haben wir ausschließlich Tannen verwendet."

Inmitten von Wiesen und Wäldern steht das „Neue Schloss". Der Wald ist es auch, den Myrrha von Aretin über alles liebt. Von Kindheit an. Die Mutter stammte aus einem Gut mit viel Forst, hat ihr diese Naturverbundenheit, wie sie sagt, in die Wiege gelegt. In Haidenburg betreibt Myrrha von Aretin seit fast 60 Jahren naturnahen Waldbau, d. h. Verjüngung des Waldes ohne Kahlschlag. Und solange schon zeichnet die Adelige, die 1908 geboren ist, Bäume im eigenen 600 Hektar großen Forst zum Verkauf aus. Fast jeden Tag. Bei jedem Wetter.

Adam von Aretin schätzt die Arbeit seiner Mutter. 1948 ist er geboren, Diplom-Kaufmann, eines von vier Kindern, und Chef des Aretinischen Anwesens. 140 Hektar landwirtschaftliche Fläche, eine Kiesgrube und eine Brauerei in Aldersbach mit insgesamt 100 Mitarbeitern gehören dazu.

Was trinkt der Brauerei-Chef selbst am liebsten? „Ein leichtes Weizen oder ein Helles. Da behält man länger einen klaren Kopf, weil es nur knapp die Hälfte des Alkoholgehaltes von Normalbier hat.“ Seine Kundschaft dagegen setzt nach wie vor auf den traditionellen Gerstensaft, was der Freiherr nicht ganz versteht. „Obwohl

Gemütliches Beisammensein im Aldersbacher Bräustüberl.

die Radarkontrollen überall verstärkt werden, will der Kunde vom Leichtbier nicht viel wissen. Da bestellt er lieber eine Radler oder etwas Nichtalkoholisches.“ Letzteres macht bereits die Hälfte des Gesamtausstoßes bei der Aldersbacher Brauerei aus.

Im Aldersbacher Bräustüberl oder Biergarten ist Adam von Aretin eher selten anzutreffen. „Ein Stammtisch-Typ bin ich eigentlich nicht.“ Die wenig freie Zeit verbringe er lieber bei seiner Familie, seiner Frau Benigna, einer 1949 geborenen Diplom-Kauffrau und Berufschullehrerin, und seinen vier Kindern: Ferdinand (1978 geboren), der Älteste, studiert in Regensburg Betriebswirtschaftslehre. Die ein Jahr ältere Victoria dort ebenfalls BWL. Christin (1981 geboren) hat das Fachabitur gemacht und möchte Sportjournalistin werden. Und der jüngste Sproß Thassilo (1987 geboren) besucht das Gymnasium in Vilshofen. Wer einmal das Unternehmen übernehmen wird, ist noch nicht entschieden. „Die Kinder müssen erst etwas lernen. Und sie müssen lernen, auf eigenen Füßen zu stehen. Man darf sich nicht nur an den Eltern messen, sondern muss selber etwas schaffen. Das haben mich meine Eltern gelehrt.“

Gerade auch deswegen bewundert Adam von Aretin seine Eltern. „Sie sind mir ein Vorbild.“ Als die Mutter das hört, wirkt sie fast ein wenig verlegen. Myrrha von Aretin, eine geborene von Bissing aus Niederaudorf und der Dipl.-Volkswirt Karl Adam Freiherr von Aretin haben 1939 in Haidenburg geheiratet. 1990 starb Karl Adam von Aretin. Der Sohn voller Respekt: „Sie haben einen soliden Lebenswandel geführt und hatten eine vernünftige Lebenseinstellung.“

Mit politischen Vorbildern tut sich der Freiherr da weit schwerer. Er muss überlegen. Der ehemalige Bundeskanzler Ludwig Erhard und der frühere bayerische Ministerpräsident Franz Josef Strauß fallen ihm ein:

Inmitten von Bäumen steht das „Neue Schloss“ der Familie von Aretin in Haidenburg. 1960/61 wurde es erbaut. (Foto: Jörg Schlegel, Passau.)

„Erhard hat die Wirtschaft nach dem Krieg grandios in die Höhe gebracht. Und Strauß hat Gott sei Dank die Gebietsreform auf ein vernünftiges Maß zurückgeschraubt. In Nordrhein-Westfalen ist das schlimm. Dort sind viele kleine Orte ganz aus der Historie verschwunden."

Wenig hält er dagegen von Gerhard Schröder. Kein Wunder. Adam von Aretin gehört der CSU an. Er ist Mitglied des CSU-Ortsverbandes und des Wirtschaftsbeirates der Union. Und seit Jahren hat er das Amt des Diözesanvorsitzenden des Malteser Hilfsdienstes in der Diözese Passau übernommen. Zu widersprüchlich ist ihm die Politik der SPD, zu oberflächlich der Kanzler. „Aber selbst ein schlechter Schröder kann auch ein guter Politiker werden, wenn ihn die Presse nur lange genug hochjubelt. Die Presse hat ja viel Macht." Macht – auch für Adam von Aretin ist sie nicht unwichtig. „Wenn man Verantwortung hat, braucht man eine gewisse Macht. Aber man darf sie nicht demonstrieren und schon gar nicht missbrauchen."

Macht. Missbrauch von Macht – unweigerlich denkt Myrrha von Aretin bei diesen Worten an die Nazizeit. Sie

Im Schatten der Aldersbacher Kirche: Blick in den Hof der Aldersbacher Brauerei, die seit Generationen im Besitz der Familie von Aretin ist.

Karl Adam Freiherr von Aretin an seinem 80. Geburtstag zusammen mit seiner Frau Myrrha. Sie trägt ein Trachtengewand aus ihrer Heimat Niederaudorf im Inntal. 1990 starb Karl Adam von Aretin.

denkt an die Gestapo. Sie denkt daran, wie sie vor jedem Verhör um richtige Antworten gebetet hat. „Ich habe mir immer gesagt, ihr seid zwar die Stärkeren, aber ich überlebe euch mit Gottes Hilfe. Ich habe Recht behalten." Und sie denkt daran, dass ihr zweiter Mann, Karl Adam von Aretin, von den Nazis zweimal eingesperrt wurde. „Zweimal habe ich ihn wieder aus dem Gefängnis geholt. Über Beziehungen", erzählt sie und will darüber nicht weiter sprechen. In erster Ehe war Myrrha von Aretin mit einem Freiherrn von Redwitz verheiratet. Die Ehe wurde geschieden. Ganz offen spricht sie über diese Verbindung, aus der ein Sohn stammt.

Mit der gleichen Offenheit schildert die Freifrau, wie sie Karl Adam von Aretin kennengelernt hat. „Beim Skifahren. Wir waren eine große Clique und trafen uns oft im Ötztal oder in St. Anton." Dass die Freifrau nicht nur gut, sondern sehr gut Ski gelaufen ist, zeigt sich später, als sie erzählt, dass sie zur Teilnahme bei den Olympischen Winterspielen 1936 aufgefordert wurde. Im Slalom und in der Abfahrt sollte sie starten. Der nationalsozialistische Charakter der Spiele habe sie aber davon abgehalten – und ein Skiunfall.

Zurück zur Liebesgeschichte: „Der Adam hat damals gesehen, dass mir kein Berg zu schwer war und ich überall mithalten konnte. Das hat ihm wohl gefallen. Er hat ja für

Myrrha von Aretin (Mitte) erhielt 1984 den Preis der FAO, der land- und forstwirtschaftlichen Abteilung der UNO, für ihre Bemühungen um die Erhaltung der Amazonaswälder. UNO-Generaldirektor Eduard Saouma (2. v. r.) überreichte im Beisein von Forstprofessoren und Forstfachleuten den Preis. Karl Adam von Aretin (links neben seiner Frau) freute sich über die Auszeichnung.

den Gutshof eine Frau gebraucht, die etwas aushalten kann.“ Wann es so richtig zwischen ihnen gefunkt habe, weiß sie nicht mehr. „Angehimmelt habe ich ihn aber nicht“, lacht sie. Und Liebe auf den ersten Blick sei es auch nicht gewesen. „Das wäre doch zu romantisch.“

Seit fast 60 Jahren betreibt die Familie naturnahen Waldbau. Ob Enkelsohn Tassilo auch einmal in die Fussstapfen von Großmutter und Vater treten wird, ist noch nicht entschieden.

Auf jeden Fall habe sie sich immer gewünscht, in ein Haus mit Blick auf den Stall einzuheiraten. „Ich wollte doch weiterhin Tiere zeichnen.“ Myrrha von Aretin hat sich in einem Münchner Atelier ausbilden lassen. „Zuerst habe ich Akte gemalt, später Tiere.“ Nach der Heirat mit Karl Adam von Aretin sei es mit dem Hobby aber vorbei gewesen. Buchführung, Rinderzucht und Schafe hüten waren ihr von da an wichtiger. Und der Wald.

Geblieben ist natürlich die Liebe zur Kunst. Albrecht Dürer und Lukas Kranach mag sie. „Die haben sich in ihren Bildern viel mit der Natur beschäftigt und schon damals das Waldsterben dargestellt.“ Mit der modernen Malerei weiß die Freifrau dagegen nichts anzufangen. Umso kritischer fällt ihr Urteil aus: „Wir haben uns noch ernsthaft bemüht, das Zeichnen zu lernen. Das wollen die abstrakten Maler doch gar nicht. Faul sind sie. Ihre Kunst ist schrecklich.“

Kritisch denken, reden und handeln – wer Myrrha von Aretin auch nur ein wenig kennt, weiß, dass sie zu dieser Art von Menschen gehört. Kann sie aber auch selbst Kritik ertragen? „Natürlich! In den vielen Streitereien, die ich über das Waldsterben geführt habe, musste ich auch viel Schelte einstecken. Aber aus konstruktiver Kritik kann man ja lernen. Und meinen Verstand hält sie auch wach.“

Ihren Körper hält sie mit Sport fit. Täglich hört sie sich frühmorgens fünf Minuten lang Gymnastik aus dem Radio an und trainiert mit. Ihr Geheimrezept für ein hohes Alter aber lautet anders: „Ich rauche nicht und trinke nicht. Und in Diskotheken gehe ich auch nicht.“ 100 Jahre alt wie die britische Quenn Mum möchte sie aber keinesfalls werden. „Da könnte ich doch nicht mehr in den Wald.“ Außerdem liege die Königinmutter der Queen finanziell ganz schön auf der Tasche. „Das würde ich nie wollen.“

Geld spielt für Myrrha von Aretin nicht die große Rolle, behauptet sie. „Natürlich muss der Betrieb laufen. Aber ich brauche nicht viel. Die Kleidermode mache ich nicht mit. Ich ziehe an, was mir gefällt. Auch früher habe ich mich die-

Das Wappen der Familie von Aretin aus Haidenburg.

sem Diktat nicht unterworfen", sagt's und blickt von der Terrasse des Schlosses aus in ihren naturbelassenen Garten – ein Garten ohne jede Begrenzung. Die braucht Myrrha von Aretin nicht. „Ich will den Wald sehen, da verbau' ich mir doch die Sicht nicht mit Hecken oder Zäunen."

Das Telefon klingelt. Die Schwiegertochter ruft an. Mit der Familie ihres Sohnes versteht sich die Freifrau gut. Eine gesunde Distanz zwischen Alt und Jung hält sie aber für wichtig. „Wenn sie mich brauchen, bin ich da. Ansonsten halte ich mich zurück."

Mit Studien über den Einfluss naturnaher Waldwirtschaft auf den chemischen Bodenzustand, mit dem Fressverhalten von Rotwild, mit Waldsterben – mit diesen Themen beschäftigt sie sich Myrrha von Aretin seit vielen Jahren. Und sie schreibt an einem Buch. „Es sind Erinnerungen. Ich habe ja viel erlebt und viele Leute kennengelernt." Am meisten stören sie Menschen, die falsch sind. Und die Ratscherei hasst sie. „Mein Vater hat mich gelehrt, nie über Menschen zu reden."

Der Vater war Professor für Altertumskunde und hat ein Museum in Holland geleitet. Bei ihm hat Myrrha von Aretin vor ihrer Heirat als Konservatorin gearbeitet. Lieber hätte sie Mathematik und Physik studiert. Aber das wollten die Eltern nicht. „Der Vater hat mich gebraucht. Und ich danke Gott dafür, sonst wäre ich vielleicht nicht nach Haidenburg gekommen und hätte nicht den Sinn für die Natur in diesem Maße entwickelt. Übrigens, wir feiern im Jahr 2001 ein Jubiläum: 50 Jahre Beispielsbetrieb für naturnahe Waldwirtschaft." Und nach einer kurzen Pause: „Das Wichtigste in meinem Leben." Für die Zukunft wünscht sich die Freifrau nur eines: Dass die EU die Bauern nicht kaputt macht.

„Was bin ich?" Würde ihr heute die Frage gestellt, wie würde sie antworten? Sie reagiert spontan: „Ich bin ein Mensch, der getreu dem Motto lebt „Bauet und bewahret."

Stammbaum: Schloss Haidenburg

Die Haidenburg gehörte im Mittelalter zu den Besitztümern der Grafen von Hals, die im 14. Jahrhundert ausstarben. Landgraf Johann von Leuchtenberg erbte die Haidenburg, die 1423 an die Frauenberger veräußert wurde. Der Besitz ging durch Heirat einer Frauenberger mit Alban von Closen an die Familie von Closen über. Alban von Closen erwarb mit seinem Bruder Hans den übrigen Haidenburgischen Besitz. Über 300 Jahre war die

Myrrha Freifrau von Aretin in ihrem Element – dem Wald.

Burg im Besitze des Geschlechtes von Closen. Nach dem Aussterben der Closener wurden Burg und Gut an die Grafen von Taufkirchen vererbt. Diese verkauften Haidenburg schließlich an die Freiherrn von Aretin.

Die Stammreihe der Aretins beginnt mit Johann Baptist Bakdasar Aroutioun Caziadur, der nach neuesten Forschungen 1706 in Konstantinopel als Sohn des armenischen Kleinkönigs Bakdasar von Siounik und seiner Frau Gogza, geb. Fürstin von Charabagh, geboren, 1711 von der Kurfürstin Theresia Kunigunde von Bayern adoptiert und 1769 unter dem Namen Aretin von Kurfürst Maximilian III. in den Freiherrenstand erhoben wurde.

Johann Adam Christoph Freiherr von Aretin (Enkelsohn von Johann Baptist Bakdasar) ist urkundlich als erster Herr auf Schloss Haidenburg erwähnt. Er starb 1822.

Nachfolger war Sohn Peter Karl Adam von Aretin, Reichsrat der Krone Bayern und Mitbegründer der Deutschen Zentrumspartei. Er starb 1887 in Haidenburg.

Ludwig Joseph Maria von Aretin führte nach dem Tod seines Vaters Peter Karl Adam Schloss und Anwesen weiter. Er starb 1884 in Haidenburg.

Heinrich Maria Adam Anton Pius Philipp von Aretin, Dr. jur. und Reichsrat der Krone Bayern, übernahm nach seinem Vater Ludwig die Herrschaft auf Schloss Haidenburg.

Sein Erbe übernahm Sohn Karl Adam Ludwig Anton Maria Friedrich Augustin von Aretin, geboren 1907, Diplom-Volkswirt. Er heiratete 1939 Myrrha Freifrau von Bissing. Aus dieser Verbindung stammen vier Kinder: Elisabeth, 1940 geboren, Andrea, 1941 geboren, Christoph, 1948 geboren und sein Zwillingsbruder Adam. Er führt derzeit das Aretinische Anwesen.

Das alte Schloss Haidenburg wurde in den 60er Jahren verkauft und befindet sich seither in bürgerlichem Besitze. Das neue Schloss, der Wohnsitz von Myrrha Freifrau von Aretin, wurde 1960/61 errichtet und ist der Öffentlichkeit nicht zugänglich.

Maria Theresia Gräfin von und zu Arco-Zinneberg und ihre Familie

Die Araber-Züchterin von Moos

Obwohl ihre Mutter auch eine Prinzessin von Bayern war wie die „Sissi", ist Maria Theresia Gräfin von und zu Arco-Zinneberg keine Verehrerin der Kaiserin Elisabeth von Österreich. Zu egozentrisch war ihr die Monarchin. „Sie hat sich das Leben einer Kaiserin nicht zur Aufgabe gemacht. Alles, was man von ihr verlangt hat, lief gegen ihre Strömung. Darunter hat sie gelitten. Aber ich habe kein Mitleid mit ihr. Auch ich bin hier ins Schloss hineingestellt worden. Und ich habe diese Aufgabe zu erfüllen."

Schon mit 18 Jahren hat die Gräfin das Familienanwesen in Moos (Lkr. Deggendorf) übernehmen müssen, nach dem Tode ihres Bruders. Johann Kaspar von Preysing-Lichtenegg-Moos sollte eigentlich den Besitz weiterführen. Doch das Schicksal wollte es anders: Mit nur 20 Jahren starb er an einer Angina. Das war 1940. Seit dieser Zeit ist Gräfin Maria Theresia Herrin auf Schloss Moos, einem 80-Zimmer-Bau aus dem 17. Jahrhundert. 3500 Hektar Forst- und Landwirtschaft, eine Brauerei und zahlreiche andere Immobilien und Besitztümer im In- und Ausland gehören zum Eigentum.

„Keiner hat mich damals gefragt, ob ich das auch will", erzählt sie im Roten Salon des Mooser Schlosses – einem großen, hohen Raum im 3. Stock mit Stuckdecke und roten Tapeten, einer hellen Couchgarnitur aus Leder; ein Raum mit antiken Möbeln, großen Teppichen und Ahnen-Gemälden; ein Raum, der, trotz prunkvoller Einrichtung, nicht überladen wirkt.

Die Herrin auf Schloss Moos: Maria Theresia Gräfin von und zu Arco-Zinneberg. Sie liebt Pferde über alles. Araber züchtet sie seit vielen Jahren sehr erfolgreich. (Foto: Atelier Weber, Plattling.)

Die Gräfin hat sich zum Gespräch für die kleine Sitzgruppe an einem Seitenfenster entschieden. Das Handy liegt griffbereit auf dem Tisch. Ein wichtiges Gerät für die Gräfin, die 1922 geboren ist. Aus gesundheitlichen Gründen ist sie nicht mehr so mobil, muss viele Einschränkungen machen, zum Beispiel beim Pferdesport

Bild Seite 26: Schloss Moos – ein 80-Zimmer-Bau aus dem 17. Jahrhundert. 3500 Hektar Forst- und Landwirtschaft sowie eine Brauerei gehören dazu.

– für eine leidenschaftliche Reiterin ein hartes Los. „Das Schönste war immer, wenn ich noch beim Aufgang der Morgensonne ausgeritten bin", schwelgt die Gräfin in Erinnerungen, und man merkt ihr die Liebe zu den Tieren an. Shagya- und Vollblut-Araber züchtet sie, ebenso edle wie temperamentvolle Tiere. Und das mit großem Erfolg. So geht Hengst Sarid in Europa als einziger Araber in die S-Dressur, die anspruchsvollste von vier Leistungsstufen. Hengst Ganimed wurde zum erfolgreichsten arabischen Rennpferd des Jahres 1999 erklärt.

Das Gestüt Moos und seine orientalischen Pferde haben eine über 200-jährige Geschichte. Schon 1780 war der damalige Eigentümer, Graf Kaspar von Preysing, als hervorragender Pferdezüchter bekannt. Aus Aufzeichnungen aus dem Jahre 1812 geht hervor, dass bei einer der ersten Landwirtschaftsausstellungen in Bayern ein brauner, orientalischer Hengst aus der Zucht des Grafen Preysing aus Moos den 1. Preis gewonnen hat. 28 Araber stehen im Gräflichen Stall. Und die besucht Gräfin Maria Theresia täglich mit dem Golfwagerl, das vor dem Eingang zum Schloss parkt.

Gräfin deshalb auch gerne studiert. Doch es kam anders: „Der Krieg hat begonnen, und meine Mutter schickte mich in Privatschulen nach England und Ungarn. Ich wohnte dort bei Verwandten. Sie wollte keinen nazionalsozialistischen Einfluss auf die Erziehung."

Die Mutter, Ihre Königliche Hoheit Gundelinde Gräfin von Preysing-Lichtenegg-Moos und jüngste Tochter des

So oft es geht, genießt Maria Theresia Gräfin von und zu Arco-Zinneberg die Natur bei einer Kutschenfahrt im Einspänner, hier mit Hengst Nasrallah. (Foto: Erwin Escher, Monheim.)

Ein Lift erspart der Gräfin im Schloss das Treppensteigen in den 3. Stock. Den bewohnt sie. Ein Koch, eine Küchenhilfe, zwei Haushaltshilfen, ein Gärtner und ein Schlossverwalter kümmern sich um Garten, Küche und Schloss. Zum Wohnbereich der Gräfin gehört auch eine Bibliothek. Sie liest gerne. Sach- und Fachliteratur über Geschichte. „Unser früherer Archiv-Rat, der Historiker war, hat mich von klein auf in Geschichte unterrichtet und auch meine Neigung dazu früh erkannt." Geschichte hätte die

letzten Königs von Bayern, Ludwig III., beschreibt die Gräfin als eine starke und sehr gläubige Frau, die vor allem in den Kriegsjahren Courage bewiesen habe. „Sie hat sich mit den Nazis nie identifizieren können. Deshalb war es unter Hitler sehr gefährlich für meine Mutter. Ihre Geschwister waren eingesperrt, das Schloss voll mit Flüchtlingen. Die Telefone wurden abgehört. Und es gab Spione im Haus, eine Hausdienerin, wie sich später herausstellte. Damals habe ich gelernt, dass Worte sehr wich-

Ulrich Philipp Graf von und zu Arco-Zinneberg war der zweite Ehemann von Maria Theresia Gräfin von und zu Arco-Zinneberg. Er starb 1980.

tig sein können. Und ich habe gelernt, dass Schweigen Gold wert ist."

Häufiger Gast auf Schloss Moos ist Enkeltochter Contesse Anna Theresa, die mit ihren Eltern und Schwestern in New York lebt.

Mut und Kraft hätten sie und ihre Mutter immer wieder im Glauben gefunden. „Wir haben auch alles dafür getan, dass die Schloss-Kapelle während des Krieges nicht geschlossen wurde." Auch heute noch liest dort jeden Sonntag ein Pater aus Niederalteich die Messe. Zum Gottesdienst steht die Kapelle für jedermann offen.

Mut und Kraft schöpft die Gräfin nach wie vor aus dem Glauben. „Die Religion ist für mich das Wichtigste im Leben. Ich bin sehr zufrieden mit der Kirche. Mein Mann und ich haben die höhere Geistlichkeit kennen gelernt wie etwa Kardinal Ratzinger. Er war in den 60er Jahren, als er noch Professor in Regensburg war, hier auf dem Schloss oft zu Gast. Damals haben wir schon vorausgesagt, dass aus dem Ratzinger einmal etwas wird." Dass er die rechte Hand von Papst Johannes II. werden würde, konnte die Gräfin freilich nicht ahnen. Den Papst als eine von ganz wenigen Personen verehrt sie sehr: „Wie er trotz seiner Krankheit mit enormer Selbstbeherrschung alles auf sich nimmt, ist wirklich bewundernswert."

Als Vorbild will die Gräfin das Oberhaupt der Katholischen Kirche aber nicht sehen. „Da bin ich doch viel zu klein, als dass er für mich ein Vorbild sein könnte." Mit Vorbildern übt sich die Gräfin überhaupt eher in Zurückhaltung. König Ludwig I. von Bayern käme vielleicht in Frage. „Weil er Kollosales geleistet und München zu einer wunderbaren Stadt gemacht hat", meint sie. Beim Märchenkönig Ludwig II. winkt sie sofort ab. „Sicher war er eine große Persönlichkeit, aber auch andere Menschen haben viel getan. Heute wird eine Menge Rummel um seine Person gemacht. Der Staat verdient viel Geld daran. Mir ist das alles zu verkitscht."

Die Gräfin liebt den Rummel nicht, weder um ihre Person, noch generell. So erwähnt sie auch nur nebenbei, dass sie im Oktober 1999 aus der Hand von Bundespräsident Johannes Rau das Bundesverdienstkreuz am Bande erhalten hat. Die Gräfin liebt die Muße und die Ruhe. Bei Mozart und Beethoven kann sie sich entspannen. Das soll sie – auf Anraten ihrer Ärzte – auch möglichst oft tun. „Nach dem Mittagessen sollte ich mich eigentlich immer hinlegen. Aber ich mache es meistens nicht. Da lese ich lieber." Ihre Form von Muße in einem ansonsten ausgefüllten Tagesablauf: Um 7 Uhr aufstehen, frühstücken und Post erledigen. Vor dem Mittagessen geht es zu den Pferden. Und nachmittags hat sie häufig Besuch. „Früher habe ich oft Einladungen wahrgenommen, bin oft ins Theater oder in die Oper nach München gefahren. Seit ich gesundheitlich gehandicapt bin, lade ich öfter Gäste ein." Nach den Nachrichten ist für die Gräfin normalerweise gegen 22 Uhr Bettruhe.

Früher, als ihr Mann noch gelebt hat, seien sie auch viel in der Welt herum gereist. In 20 Jahren oft mit einer Privatyacht im Mittelmeer, Griechenland und der Türkischen Küste gekreuzt. 1980 starb Ulrich Philipp Graf von und zu Arco-Zinneberg. Danach hat sich die Gräfin aus dem gesellschaftlichen Leben mehr und mehr zurückgezogen. Einen guten Kontakt zum Adel und Hochadel pflegt sie trotzdem. „Ich habe viele Verwandte und Bekannte in Österreich, aber auch zu Hause. Der Fürst von Thurn und Taxis war früher oft zu Gast bei uns. Und auch die Fürstin Gloria kenne ich gut. Sie begrüßt mich immer sehr herzlich. Aber das ist eine andere Welt... Ich bin hierherein gestellt worden, um eine Aufgabe zu erfüllen."

Seit 60 Jahren versucht sie, dieser Aufgabe gerecht zu werden. Sohn Riprand Maria Franz Graf von und zu Arco-Zinneberg hilft ihr dabei. Der Diplom-Architekt, der 1955 geboren ist, lebt mit seiner Frau, der Erzherzogin von Österreich Dr. Maria Beatrice von Habsburg-Lothringen, und seinen sechs Töchtern in den USA. Vom ihm spricht die Gräfin viel: „Riprand wird einmal der Nachfolger auf Schloss Moos. In New York verwaltet er Immobilien. Es geht ihm sehr gut. Mehrere Male im Jahr kommt er nach Hause, um nach dem Rechten zu sehen." Und sie erzählt von ihren Enkeltöchtern, die jeden Sommer nach Moos kommen. „Dann werden immer viele Kinder aufs Schloss eingeladen, damit sich die Mädchen schneller eingewöhnen. Und wenn sie länger da sind, dann gehen sie hier sogar in die Schule." Das scheint den jungen Damen leicht zu fallen: „Drei Sprachen sprechen sie schon, Englisch, Französisch und Deutsch", erzählt die Gräfin.

Rupprecht Maximilian Graf von und zu Arco-Zinneberg ist der älteste Sohn der Gräfin und stammt aus ihrer ersten Ehe mit Graf Ludwig von und zu Arco-Zinneberg. Dieser fiel 1942 in Russland. Ein Jahr später heiratete sie den Bruder, Ulrich Philipp Graf von und zu Arco-Zinneberg. Rupprecht Maximilian, 1941 geboren, ist Kunstsachverständiger und wohnt mit seiner Frau, Katharina Eleonara Freein von Donnersmark, Gräfin Henkel, sowie den beiden Kindern in München und Kitzbühel.

Von ihren Enkelkindern spricht die Gräfin häufig: „Sie werden multikulturell erzogen. Aber ich hoffe auch, dass sie gut in den alten Traditionen weiterleben und sie weitergeben." Was sie genau damit meint? „Eine gute religiöse Einstellung und die Beziehung zur Familiengeschichte. Den jungen Leuten sind solche Werte nicht immer so einfach zu vermitteln. Aber Traditionen sind wichtig im Leben."

Der Familienschmuck – auch er ist ein Stück Tradition im Hause Arco-Zinneberg. Viel zu wertvoll ist er, als dass ihn die Gräfin tragen würde. „Das ist zu gefährlich. Er liegt in einem Münchner Safe. Es gibt ja ganz wunderbare Kopien." Überhaupt findet die Gräfin, dass man mit zuviel Geschmeide nur unnötig auffalle. Dezent ist deshalb auch der Schmuck, den sie zum rot-blau-grün-getupften Kleid angelegt hat: Eine Perlenkette, Ohrringe und zwei Armbänder. Geschmackvoll müsse es halt sein wie die Kleidung. Auf Letzteres hat sie immer großen Wert gelegt. Sie läßt maßschneidern, früher bei dem Designer Schultze-Varell in München. „Leider ist mein Schneider dann in Pension gegangen. Aber gelegentlich arbeitet er heute noch für mich."

Wenn die Gräfin auf ihr Leben zurückblickt, wirkt sie ein wenig nachdenklich. Lange schweigt sie, sagt dann: „Ich habe mich keinen einzigen Tag nach einem anderen Leben gesehnt." Und auch für die Zukunft wünscht sie sich nur eines: „Meine Enkelkinder sollen gut durchs Leben kommen, sollen ihre Aufgaben meistern. Ich bin ja auch damals hier hinein gestellt worden. Ich glaube, es war gut, dass ich erst 18 Jahre alt war. Wenn man jung ist, fällt einem alles leichter, weil einen das Leben noch nicht so geprägt hat."

Das Wappen der gräflichen Familie von Arco-Zinneberg in Moos.

Stammbaum: Schloss Moos

Erstmals urkundlich erwähnt werden die „Herren von Moos" im Jahre 1207; die Anlage der Burg Moos erfolgte vermutlich nicht vor der zweiten Hälfte des 12. Jahrhunderts und steht wahrscheinlich in Zusammenhang mit dem Bau der Burg auf dem Natternberg durch die Grafen von Bogen, deren Ministerialen die ersten Herren von Moos waren.

Abt Herrmann vom Kloster Niederalteich tauschte 1270 von Heinrich Gestl von Moos das Hauptgut Moos samt befestigten Edelsitz ein. Damit schien die Geschichte von Moos als Edelsitz nach kaum 100-jähriger Dauer jäh beendet. Doch die Güter in Moos erhielten schon 1273 Ebo und Marquard von Moos von Niederalteich als Lehen zurück, und nicht allzulange dauerte es, bis die Burg wieder entstand. Es ist überliefert, dass rund 100 Jahre nach Zerstörung der alten Burg durch Abt Hermann der damalige Herr von Moos, Heinrich von Aichberg, im Jahre 1377 in „seiner Behausung in dem Moos" in der St. Georgskapelle eine tägliche Messe gelesen hat. Die Burg war also bereits wieder entstanden und besaß auch schon eine Kapelle.

1340 gelangte die Familie Aichberg durch Kauf in den Besitz von Moos. Mit diesem Geschlecht herrschte fast 200 Jahre eine mächtige und reiche Familie über Moos. Der letzte aus dem Geschlecht, Hans von Aichberg, genoß das besondere Vertrauen des Herzogs Georg von Bayern-Landshut, der ihn u. a. auch zum Vollstrecker seines Testamentes ernannte. Für Moos wurde das zum Verhängnis. Denn als nach Herzog Georgs Tode der unheilvolle Landshuter Erbfolgekrieg die bayerischen Lande verwüstete, hatten die Aichbergischen Güter besonders unter dem Hass der Pfälzer zu leiden. Im Frühsommer 1504 drangen sie in die Burg Moos ein, legten den Burgwart in Fesseln, raubten alles, was sie erraffen konnten und steckten das ganze Schloss in Brand.

Erbe von Moos und der nach dem Krieg darauf gekommenen, gewaltigen Schuldenlast war, nach dem Tode des letzten Aichberg (1511), sein Schwiegersohn Ulrich Graf von Ortenburg, der Moos 1520 einer Hauptgläubigerin, Katharina von Knöring aus Adldorf, verkaufte. Es war das letzte Mal, dass Moos durch Verkauf in andere Hände kam, von da an wechselte es seine Herren nur mehr auf dem Erbwege.

Auf die Knöring folgte ihr Vetter, Stephan Trainer aus einem Regensburger Patriziergeschlecht; dessen Tochter Anna brachte Moos durch ihre Heirat mit Johann Albrecht von Preysing 1567 an jene Familie, in deren Besitz Schloss Moos heute noch ist.

Eine große Ehre wurde Maria Theresia Gräfin von und zu Arco-Zinneberg am 5. Oktober 1999 zuteil: Aus der Hand von Bundespräsident Johannes Rau erhielt sie das Bundesverdienstkreuz am Bande.

auch das Bräuhaus, den Hofbau und die Stadel und Ställe. Auf dem Schlossgraben, dem hinteren Bräuhaus und an mehreren Stellen wurde Hopfen gezogen. Bekannte bayerische Geschichtsschreiber bezeichneten Schloss Moos in dieser Zeit als „eine prächtige Burg".

So blieb es bis zum 15. Mai 1619, als um 7 Uhr früh „ein einfältiger Mensch", wie die Bauinschrift im Schlosshof meldet, das Uhrwerk im Schlossturm ausbrennen wollte und dabei einen großen Brand entfachte. Dabei wurde – wie überliefert – „fast der halbe Teil des Schlosses samt der St. Georgskapelle" eingeäschert.

Der Edelsitz Moos war bereits vor seiner Zerstörung im Jahre 1504 ein bedeutender Bau. Nach urkundlichen Überlieferungen war er mit Gräben, Wällen, Schutz- und Vorwerken umgeben. Schon 1520, beim Übergang an die Frau von Knöring, war das Schloss wieder aufgebaut. Aus der Zeit, kurz bevor es an die Herren von Preysing kam, hat sich die erste ausführliche Beschreibung des Schlosses und seiner Umgebung erhalten. Danach war das Schloss ganz gemauert – keine Selbstverständlichkeit, denn noch Ende des 16. Jahrhunderts hatte z. B. im Landgerichtsbezirk Erding nur ein Drittel der Hofmarken und Edelsitze gemauerte Schlösser. Zudem war Schloss Moos von einer Ringmauer umgeben mit vier ganzen und drei Halbtürmen und weiter von einem Wassergraben. Letzterer umschloss

Vom Wiederaufbau meldet die gleiche Bauinschrift, dass Johann Warmund von Preysing „all das wiederum repariert und zwar diesen vorderen Stock samt den Ecktürmen und der St. Georgskapelle von Grund auf erbaut, die anderen drei Teile um ein Stockwerk erhöht, innwendig erweitert, verbessert und in diese Gestalt gebracht, dann auch den Turm im äußeren Maierhof samt dem Bräuhaus, allen Städeln und Stallungen von Neuem erbaut".

Weitgehendst vom Brande verschont blieb der nördliche Flügel des Schlosses. Er zeigt noch die mittelalterlichen Mauerknickungen, der Nordwestturm die stärkste Unregelmäßigkeit im Grundriß; Nord- und Westflügel haben auch geringere Längen und Tiefen wie die beiden übrigen. Da man die aus dem Brand erretteten Bauteile erhalten wollte, konnte der mehr oder minder neu erbaute Ostflügel sich nicht rechtwinklig an den Süd- und Nordflügel anschließen, so dass der Schlosshof die Form eines Trapezes erhalten hat. Die ursprüngliche Anlage des Schlosses, ein Vierflügelbau, von einem breiten Wassergraben umgeben – dessen Nordhälfte erst im 19. Jahrhundert trocken gelegt wurde – war somit durch den Neubau unverändert geblieben.

Der Vollblut-Araber-Hengst Ganimed aus dem Mooser Gestüt, hier auf der Galopprennbahn Hamburg, war 1999/2000 das erfolgreichste Arabische Rennpferd in Deutschland. (Foto: Frank Sorge, Berlin.)

Seit dem Jahre 1940 heißen die Schlossherren nicht mehr Preysing, sondern Arco-Zinneberg.

Graf Georg von Preysing-Lichtenegg-Moos (von 1918 – 1924 Herr auf dem Schloss) war der Vater von Gräfin Maria Theresia von und zu Arco-Zinneberg. Graf Georg war in erster Ehe mit Gräfin Anna von Lerchenfeld verheiratet, die sieben Monate später starb. Graf Georg heiratete dann Ihre Königliche Hoheit Prinzessin Gundelinde, die jüngste Tochter des letzten Bayernkönigs Ludwig III. Aus dieser Ehe gingen zwei Kinder hervor: Kaspar, der im Alter von 20 Jahren an einer Angina starb. Und Maria Theresia, die derzeitige Herrin auf Schloss Moos.

Sie heiratete 1940 Ludwig Graf von und zu Arco-Zinneberg, deren Geschlecht aus Arco, nördlich des Gardasees stammt und 1124 erstmals urkundlich erwähnt wurde. Nur zwei Jahre später fiel Ludwig von und zu Arco-Zinneberg in Russland. Aus der Ehe mit Gräfin Maria Theresia stammt Sohn Rupprecht Maximilian. Gräfin Maria Theresia heiratete 1943 Ulrich Philipp Graf von und zu Arco-Zinneberg, den Bruder ihres verstorbenen Ehemannes. Am Silvesterabend 1980 verstarb Graf Ulrich Philipp. Riprand Maria Franz ist der einzige Sohn aus dieser Verbindung.

Das Schloss ist der Öffentlichkeit nicht zugänglich. An Sonn- und Feiertagen ist jedoch der Zugang zur hl. Messe in die Schlosskapelle gestattet.

Stephan Freiherr von Poschinger und seine Familie

Die modernen Bewahrer von Frauenau

Der Herr im „Herrenhaus“ in Oberfrauenau ist Stephan Freiherr von Poschinger. Zugleich betreibt er eine Glashütte in Frauenau. Sohn Benedikt will die Tradition fortführen.

„Wenn der Vater mit dem Sohne einmal ausgeht...“, hat einst Heinz Rühmann gesungen. Auf Stephan Freiherr von Poschinger aus Frauenau und seinen Sohn Benedikt passt dieses Lied nicht ganz. Ausgehen will der Sohn lieber alleine. Was aber die Forst-, Landwirtschaft und die Glashütte der Poschingers betrifft, da arbeiten Vater und Sohn Hand in Hand.

Das Glashüttengut in Frauenau konnte sich länger als jedes andere über Jahrhunderte erhalten. In dem Weiler lebte eine fast autarke Lebensgemeinschaft von Glasmachern, Glasveredlern und Beschäftigten, die im Forst, im Sägewerk oder in der Gutsschmiede arbeiteten. Ernährt hat diese Menschen und ihre Familien seinerzeit die angeschlossene Gutslandwirtschaft. Diese Zeiten freilich sind längst vorbei. Sägewerk und Schmiede wurden bereits vor Jahren stillgelegt. Geblieben ist die Einheit von Gutsbetrieb, Forst und Glashütte.

Das soll sich auch in Zukunft nicht ändern. Vater und Sohn haben es sich fest vorgenommen. Es gilt, die älteste Familientradition der Welt in der Branche zu erhalten: das Glasmachen im Hause Poschinger seit über 400 Jahren. „Das gesamte Sortiment wird von uns produziert, Qualität ist unser oberster Grundsatz“, betont Stephan Freiherr von Poschinger. 1939 ist er geboren, Diplom-Volkswirt und der Chef des Poschinger Glashüttengutes in Frauenau im Bayerischen Wald.

Benedikt ist sein ältester Sohn, 1971 geboren. Forstwirtschaft und Betriebswirtschaft hat Benedikt in Freising und Regensburg studiert. Er wird einmal den väterlichen Betrieb mit 2300 Hektar Forst, 110 Hektar landwirtschaftlicher Nutzfläche, einer Glashütte nebst Galerie und Glasladen übernehmen. Das war sein Ziel schon immer. Schon als kleiner Bub. „Da bin ich oft mit den Förstern im Wald unterwegs gewesen. Ich war im Stall bei den Kühen, und in den Ferien habe ich am Glasofen mitgeholfen, das heiße Glas in den Kühlofen getragen oder Formen gehalten. Und fast jeden Nachmittag um vier Uhr habe ich dann bei der Großmutter im Herrenhaus Tee getrunken und ein Butterbrot gegessen“, erzählt der junge Freiherr von Poschinger im Büro der Glashütte. Das Klingeln des Handys reißt ihn aus seinen Erinnerungen. Am Telefon hört man ihn: „Ja, ich fahre mit auf die Hochzeit ...“

„So sind sie, die jungen Leute, haben immer etwas vor", lacht der Vater. Vorgenommen hat auch er sich viel. Vor sechs Jahren hat Stephan von Poschinger den Tourismus als weiteren betrieblichen Zweig erschlossen; hat zum Gut gehörende Ferienhäuser und Waldhütten renoviert und den Urlaubsgästen zugänglich gemacht, ein Wildgehege mit Hirschen und Bisons und für die Kinder einen Streichelzoo und Spielplatz geschaffen, einen Gutsgasthof direkt gegenüber dem Herrenhaus in Oberfrauenau grundlegend umgestaltet und eine Gutshofmetzgerei mit Fleisch und Wild aus eigener Produktion angegliedert.

Neue Wege also im Hause Poschinger. Ein wirtschaftliches Muss. Der Verkauf von Glas, wenn auch hochwertig und handgefertigt, ist nicht mehr so rentabel wie noch vor einigen Jahren. Das belegt u. a. der Konkurs des Traditionsunternehmens der Theresienthaler Krystallmanufaktur. Drei Generationen lang war dieses edle Kristallglasunternehmen im Besitze derer von Poschinger, bis 1997 gehörte es der Hutschenreuther AG, schließlich einem privaten Unternehmer. Stephan Freiherr von Poschinger: „Vor allem nach dem Krieg war ein enormer Nachholbedarf an Kristallglas. Den gibt es heute nicht mehr. Immer mehr

Das „Herrenhaus" der Familie von Poschinger in Oberfrauenau – ein neu renoviertes Gebäude aus dem 17. Jahrhundert mit 30 Zimmern, in dem auch die Gutsverwaltung untergebracht ist.

Anbieter vor allem von Billigglas drängen auf den Markt. Der Konkurrenzkampf ist groß. Wir werden wirtschaftlich genauso zerrieben wie alle anderen auch. Um unser Glashüttengut erfolgreich in die Zukunft führen zu können, müssen wir neue Nischen finden. Der Tourismus ist eine." Werbung eine andere. Mit dem Namen „Freiherr von Poschinger". Zum Beispiel für BMW. So fand auf dem Hof des landwirtschaftlichen Anwesens die weltweite Presse-Erstvorstellung neuer BMW-Allrad-Modelle und Motoren statt. Der junge Freiherr hat die Autozeitung parat, in der ausführlich und groß bebildert darüber berichtet worden ist.

Sohn Benedikt ist in den Betrieb mit 50 Mitarbeitern bereits voll integriert. Wäre auch der Großvater mit den Neuerungen einverstanden gewesen? Vater und Sohn schmunzeln. „Wohl nicht so ganz", meint Stephan von Poschinger. 1930 hat der Großvater, Hippolyt Freiherr von Poschinger, als 13. Hüttenherr in der elften Generation den Besitz übernommen und ihn grundlegend modernisiert. Er war Politiker, von 1968 bis 1982 Präsident des Bayerischen Senats. 1990 ist er gestorben. Zehn Jahre vor seinem Tod hatte er Sohn Stephan als einem von fünf Kindern das Anwesen übergeben.

Politisch interessiert? Natürlich ist das auch Stephan von Poschinger. Lange hat er an ein Landtagsmandat gedacht, oft mit seinem Vater darüber gesprochen. „Der hat mir dann zu bedenken gegeben, dass ich als Abgeordneter in der Region präsent sein und damit den Betrieb oft alleine lassen müsste." Stephan Freiherr von Poschinger hat sich für das Unternehmen entschieden und lässt – abgesehen

Bild links: Glasmachermeister Josef Keilhofer beim Vorformen von Glas, das in der Fachsprache „Wulgern" genannt wird. Als einer von acht Glasmachern (davon zwei Meister) ist er für das Herstellen von Kelchen und Bierkrügen zuständig. Josef Keilhofer hat bereits seine Ausbildung in der Freiherr von Poschinger-Glashütte absolviert.

Stephan Freiherr von Poschinger hat zum Gut gehörende Ferienhäuser und Waldhütten renoviert und den Urlaubsgästen zugänglich gemacht.

von einem Sitz für die CSU im Frauenauer Gemeinderat und früher einigen Perioden im Kreistag – lieber die Berufspolitiker Politik machen. Zum Beispiel den bayerischen Ministerpräsidenten Edmund Stoiber. Von dem hält er viel. „Der macht seine Sache wirklich gut. Er hat in Bayern die modernen, notwendigen, betrieblichen Veränderungen eingeleitet und vorangebracht und zugleich bayerische Lebenswerte erhalten." Sohn Benedikt nickt zustimmend.

In der Freiherr von Poschinger Glashütte werden die Gläser „Chateau" in reiner Handarbeit hergestellt.

Viel hält Stephan von Poschinger auch vom Wahlkreis-Bundestagsabgeordneten, Ausschussvorsitzenden für Tourismus und früheren Staatssekretär für Forst- und Landwirtschaft Ernst Hinsken. „Der ist offen zu den Menschen und packt an, was er verspricht." Aber auch Persönlichkeiten wie Randolph Rodenstock, Inhaber der Optischen Werke in Regen und Präsident des Arbeitgeberverbandes, sowie die Herzöge Franz und Max von Bayern beeindrucken ihn. „Rodenstock hat eine Menge für seine Firma und die Region getan. Und Herzog Franz und Herzog Max sind in ihrer Zurückhaltung wirklich gute Repräsentanten des Hauses Wittelsbach. Wo immer sie auftreten, werden ihnen große Sympathien entgegengebracht."

Viel lieber spricht Stephan von Poschinger aber von seinem zweiten Sohn Alexander (1975 geboren), der in Regensburg Wirtschaftsgeographie studiert, und seiner Frau Sylvia (1943 geboren), einer Dolmetscherin aus El Salvador. Seit über 30 Jahren sind sie verheiratet. Sie, aufgewachsen im warm-heissen Mittelamerika, lebt im Bayerischen Wald, einem Landstrich mit wechselhaftem Klima und teils sehr strengen Wintern. Ein Gegensatz, wie er krasser nicht sein könnte. „Die langen Wintermonate setzen meiner Frau schon zu. Deshalb fährt sie auch zweimal im Jahr in ihre Heimat", erzählt Stephan von Poschinger.

Ein Umstand, um den ihn manche Einheimische sogar beneiden. Freiherr von Poschinger weiß aber nur zu gut,

Die Glashütte Freiherr von Poschinger ist weltweit für diese limitierten Repliken berühmter Jugendstilvasen bekannt.

dass es den Frauenauern damit nicht ganz so ernst ist. Ein bisschen „derblecken" wollen sie ihn halt. So auch bei seiner Heirat: „Na Baron, hast dir a bei uns keine gefunden, die dir gefallen hat? Gibt doch a schöne Madln da herin." Stephan von Poschinger muss heute noch herzlich lachen, wenn er davon spricht. Dass ihn die Einheimischen oft mit „Du" anreden, macht ihm nichts aus. „Was habe ich denn für eine Berechtigung, dass mich die Leute mit „Herr von" anreden sollen? Es ist mir viel wichtiger, sie schätzen mich als Menschen."

Wirklich wichtig ist ihm auch die Zeit für die Familie und für seine Hobbys. Die nimmt er sich. Auf der Fahrt zum

Soweit das Auge reicht: Poschinger-Eigentum. Knapp 3000 Hektar Grund und Boden darf Baron Stephan von Poschinger sein eigen nennen – fast die Hälfte der Gemeindefläche der Gemeinde Frauenau.

Herrenhaus nach Oberfrauenau – Sohn Benedikt lenkt den Allrad-Audi – erzählt er, dass er zum Beispiel den Tennisclub Frauenau gegründet hat und ihm Langlauf und Ski-Alpin viel Spaß machen. Natürlich, als Kind des Bayerischen Waldes. Im Gegensatz zu seiner Frau. „Sie hat sich sehr bemüht, das Skifahren zu erlernen. Aber ganz glücklich ist sie dabei nicht geworden. Wenn wir aber im Meer schwimmen, dann kann ich ihr, wie man so schön sagt, das Wasser nicht reichen."

Benedikt deutet während der Fahrt auf das Feuerwehrhaus. Es gehört zum Gut, zusammen mit einer fast 50-köpfigen Betriebsfeuerwehr samt Feuerwehrauto. „Die Feuerwehr ist wichtig für den großen Betrieb", betont der junge Freiherr. Die Fahrt geht weiter durch gutseigene Wiesen und Wälder. Der Sohn zeigt mit dem Finger auf ein Landhaus mitten im Wald. Sein Domizil. Ein Guts-Förster hat auch seine Wohnung in dem Haus. „Aber wenn er Hunger hat, dann kommt er schon noch heim", bemerkt der Vater.

Kochen, putzen und die übrige Hausarbeit erledigt im Hause Poschinger seit vielen Jahren eine „wahre Perle", wie sie Stephan von Poschinger nennt. Carmen stammt aus El Salvador und ist seiner Frau in den Bayerischen Wald gefolgt, hat sich um Haus und Hof gekümmert und die Kinder betreut. „Gerade ist sie dabei, die Koffer zu packen. Sie ist über 70 Jahre alt und will ihren Lebensabend in ihrer Heimat verbringen", sagt der Freiherr und ergänzt: „So eine gute Seele findet man nicht ein zweites Mal."

Zuhause für die Poschingers – das ist nicht das Herrenhaus in Oberfrauenau. Das war der Wohnsitz des verstorbenen Vaters und wird renoviert. Stephan Freiherr von Poschinger wohnt in einem Haus in Frauenau. Sobald die Bauarbeiten im Herrenhaus endgültig abgeschlossen sind, will die Familie ins „Alte Schloss" ziehen.

Im „Alten Schloss", einem Gebäude aus dem 17. Jahrhundert mit 30 Zimmern, ist auch die Gutsverwaltung untergebracht. Verantwortlich für den Umbau zeichnet der junge Freiherr von Poschinger. Er führt auch durch die bereits renovierten Zimmer, weist auf die Gewölbe und Stuckdecken hin, zeigt die antiken Möbelstücke, die Geweihsammlung ... und entschuldigt sich für noch fehlende Vorhänge in einigen Räumen. „Und der Garten muss auch noch angelegt werden." Da gibt es noch viel zu tun für ihn. Gearbeitet wird überwiegend in den Wintermonaten. Dann, wenn die Arbeiter vom Gutshof mehr Zeit zum Mithelfen haben.

Weiter geht's mit dem Wagen zum Wildgehege, wo gerade ein Bison über die Wiese trottet. Der zum Glashüttengut gehörende Waldbesitz wird vom Nationalpark Bayerischer Wald eingerahmt. Stichwort Nationalpark. Viele Jahre hat Stephan von Poschinger mit der Nationalpark-Leitung über die Nichtbekämpfung des Borkenkäfers diskutiert, um nicht zu sagen gestritten. „Wenn man den Borkenkäfer nicht bekämpft, kann man doch nicht wirtschaften", beginnt der Vater sich in Fahrt zu reden, bis Sohn Benedikt ihn unterbricht: „Der Nationalpark an sich ist aber eine gute Sache und auch Anziehungspunkt für viele Feriengäste."

Hippolyt Freiherr von Poschinger. Der Vater von Baron Stephan von Poschinger führte als 13. Hüttenherr in der elften Generation das Glashüttengut in Frauenau. Außerdem war er Politiker und von 1968 bis 1982 Präsident des Bayerischen Senats. 1990 ist er gestorben.

Auf dem Weg zurück nach Frauenau klingelt erneut das Autotelefon. Benedikt verabredet sich mit einem Freund für die Jagd – einer großen Leidenschaft des jungen Mannes. Wann immer es geht, verbringt er seine Freizeit im Wald. Diskotheken – das ist nicht seine Welt. Und wieder klingelt das Autotelefon. Um ein weiteres Treffen geht es. Der Vater lacht und ist froh, dass er wenigstens diesen Stress nicht mehr hat.

Stammbaum: Glasgeschichte der Freiherrn von Poschinger aus Frauenau

Urkundlich belegt sind die Poschinger im niederbayerischen Raum ab dem Jahr 1399. Sie waren Ministeriale am Hof der Passauer Bischöfe, aber auch angesehene Patrizier in den jungen Städten und erfolgreiche Gewerbetreibende.

Mit Gründung der Universitäten konnten akademische Grade erreicht werden. Caspar Poschinger erwarb 1516 den Magister Artium, wurde dann katholischer Pfarrer, trat aber später zum Luthertum über und heiratete. Sein ältester Sohn Joachim ist der Stammvater der zahlreichen Poschinger im Bayerischen Wald.

Er begründete auch die Glastradition der Poschinger mit dem Kauf der Hütte Zwieselau im Jahre 1568. Sohn Paulus erwarb 1605 die schon lange bestehende Glashütte bei „Unser Frauen Au". Schon Anfang des 15. Jahrhunderts gibt es Nachrichten über Glashütten in dieser Region.

1492 ist das Jahr der ersten urkundlichen Erwähnung einer Glashütte in Frauenau. Balthasar Pfahler, Richter zu Zwiesel, verkauft den halben Anteil an der Glashütte an den Miteigentümer Erasmus Moosburger.

1547 studierte Joachim Poschinger in Ingolstadt, gemeinsam mit seinem späteren Dienstherrn, Hans VII. Freiherrn von Degenberg. In diesem Jahr hat Peter Apian, kaiserlicher Hofpfalzgraf und Professor der Mathematik in Ingolstadt, für Joachim und seine Nachkommen einen Wappenbrief ausgestellt.

1568 erwarb Joachim Poschinger die Hütte Unterzwieslau in der degenbergischen Herrschaft Zwiesel. Fast 20 Jahre lang hatte er eine der anderen degenbergischen Besitzungen, die Herrschaft Linden, verwaltet. Im gleichen Jahr übergab Philipp Apian, Sohn von Peter Apian, in München die „Baierischen Landtafeln" an Herzog Albrecht V. Im Text notierte er über Frauenau, dass die Glashütte am Kleinen Regenfluss steht, „in welcher die allerfeinsten Spiegeln geblasen werden".

1605 erwarb Paulus Poschinger, einer der Söhne von Joachim und bisher Hüttenherr in Zwieselau, die Glashütte in Frauenau. Von 1605 bis zum heutigen Tag ist die Frauenauer Glashütte in ununterbrochener männlicher Erbfolge im Besitze der Poschinger von Frauenau.

1639 wurde Paulus Sohn Wilhelm, seit 1633 Hüttenherr, mit dem Gut Oberanzenberg belehnt und damit adeliger Landsasse in der Oberpfalz mit einem Sitz auf der Ritterbank der Landschaft und dem Recht, sich „Poschinger von Oberanzenberg" zu nennen.

1668 ließ Fanz Poschinger, der vierte Hüttenherr, etwas oberhalb von Frauenau in Altposchingerhütte eine neue Glashütte errichten. Im gleichen Jahr wurde die östliche Hälfte des Herrenhauses erbaut.

1700 erwarb Wilhelm, Sohn von Franz, das Glashüttengut Unterbreitenau, eine seit 1585 arbeitende kleinere Hütte. Wilhelm errichtete 1706 einen größeren Betrieb für „mittleres Glaswerch". Unter Sohn Johann Franz Joseph wurden die Öfen wegen Mangel an Holz und Pottasche 1752 für immer kalt.

1701 starb der tüchtige Franz Poschinger. Er hinterließ ein Tagebuch aus den Jahren 1666 bis 1701 mit Wirtschaftsnachrichten von Glashütte und Gutsbetrieb, eine einmalige kulturhistorische Quelle dieser Zeit.

1708 ließ Christian, jüngster Sohn von Franz und Hüttenherr bei Glashäusern, auf halben Wege von Frauenau nach Altposchingerhütte, eine neue Hütte errichten.

1715 ist das Jahr des Ablebens von Hans Carl, dem ältesten, unvermählten Sohn von Franz. Von ihm blieben handschriftliche Rezepte zur Bereitung von rotem, gelbem und grünem Glas erhalten. 1692 war er als Glasmacher freigesprochen worden.

1722 gab Christian, der Witwer geworden war und kinderlos blieb, die Leitung des Hüttengutes an seinen Bruder Wilhelm ab, der Unterbreitenau einem seiner Söhne übergab.

1732 übernahm Wilhelms Sohn Johann Michael I. das Glashüttengut. Er hatte 1742 im Österreichischen Erbfolgekrieg die Überfälle und Drangsalierungen des Pandurenoberst Trenck zu überstehen.

1746 ließ Michael I. eine Glashütte an die „Regenhäng" verlegen. Am Südrand der Trinkwasser-Talsperre weist eine Tafel auf diese bis 1850 betriebene Hütte hin. 1769 ließ er die Öfen in der Hütte bei den Glaserhäusern kalt werden und verlegte den Betrieb wieder zurück zur Altposchingerhütte, die auch Tafelhütte genannt wurde.

1770 erwarb Johann Michael die Hofmarken Drachselsried und Wettzell im Zellertal.

1773 war der Geometer und Landschaftsmaler Joseph Damian Stuber aus München längere Zeit zu Gast im Herrenhaus. Er musste von allen Glashüttengütern im Bayerischen Wald Pläne anfertigen, weil die Hofkammer in München einen Begriff von der Größe der jeweils genutzten Waldungen bekommen wollte. Stuber hat eine wunderschöne, wenn auch in manchen Einzelheiten verzeichnete Waldkarte geschaffen, die exakte Daten über die zu jener Zeit betriebenen Glashütten enthält.

1776 übernahm das jüngste von neun Kindern von Johann Michael, Sohn Benedikt I., den Besitz. Unter seiner Leitung wurde das Glashüttengut 1785 zur Hofmark erhoben. Die Poschinger durften nun, wie viele adelige Landherren in Bayern, die niedere Gerichtsbarkeit über ihre Hofmarksuntertanen ausüben.

1786 war wieder ein Kartograph, der spätere Direktor des topographischen Bureaus in München, Adrian von Riedl, in Frauenau zu Vermessungsarbeiten. Man hatte Waldungen an Kurbayern abgetreten.

1789 wurde die bayerische Forstorganisation eingerichtet. Zwiesel wurde Sitz eines Forstmeisteramtes. Auch die Privatwaldungen erhielten staatliche Betreuung.

1790 erfolgte die Erhebung in den Alten Aldelsstand.

1795 bereiste Fiskalrat Joseph von Hazzi den Bayerischen Wald und war auch in Frauenau. Er notierte für die 1801 erschienenen „Statistischen Aufschlüsse" über die Hofmark: „In 16 Häusern mit 16 Herdstätten wohnen insgesamt 42 Personen auf insgesamt neun halben Höfen ... Die Fruchtbarkeit bedeutet der nahen Waldungen und winterlichen Lage wegen auch nicht viel. Es wird nur dreifacher Samen gewonnen." Damals gab es nur drei Obstgärten im Raum Zwiesel, „wovon der zu Frauenau der beträchtlichste ist".

1812 bemühte sich Georg Benedikt I., der neunte Hüttenherr, um die Organisation des Schulwesens im Landgericht Regen.

1825 wurde in der Nähe des Herrenhauses eine Hohlglashütte errichtet, die sogenannte Neuhütte.

1829 übernahm Johann Michael II., jüngster Sohn von Georg Benedikt I., die Hofmark Frauenau. 53 Jahre hatte Georg Benedikt I. deren Geschicke geleitet, den Besitz konsolidiert, den Hüttenbetrieb erweitert. Beim Herrenhaus ließ er eine Kapelle erbauen. Die Betriebsübergabe erfolgte in einer Zeit, die für den Absatz von Glaswaren günstig war. Deshalb konnte Johann Michael II. 1835 eine dritte Hütte erbauen lassen, die Spiegelfabrik hinter dem Herrenhaus. Die dazugehörige Spiegelschleife stand direkt am Kleinen Regenfluss, etwas oberhalb von Dörfl-Mühle.

1848 war der lange geplante Bau einer weiteren neuen Glashütte in der Moosau vollendet. Sie ist noch heute die Freiherr von Poschinger'sche Glashütte.

1850 waren insgesamt vier Glashütten und eine große Spiegelschleife in Betrieb. Die Holznutzung wurde intensiviert und weitere Sägewerke gebaut, so bei der Glashütte Moosau und die Poschinger-Säge im Süden von Zwiesel.

1860 erhielt Johann Michael II. die Konzession für die Hüttenschenke gegenüber vom Herrenhaus in Oberfrauenau. Das Institut der „Englischen Fräulein" wurde auf Initiative seiner Frau Maria gegründet.

1863 ging das Leben dieses geschäftstüchtigen Mannes, der auch Landtagsabgeordneter war, jäh zu Ende. In Regen löste sich ein Rad vom Postwagen, und er stürzte so unglücklich, dass er den Tod fand. Seine Nachkommen, darunter fünf Söhne, errichteten eine Familienfideikommiss, wodurch die Unteilbarkeit des Besitzes gesichert blieb wie im alten bayerischen Erbrecht, wie beim Hofmark-Status, der seit 1848 durch Gesetz aufgehoben war. Es erbte der Jüngste, Georg Benedikt II. Für den Ältesten hatte der Vater 1861 die Hütte Theresienthal gekauft. Sohn Johann Nepomuk heiratete 1872 nach Buchenau.

Jahrhunderte alte Handgriffe und überlieferte Glasmachertechniken werden seit Generationen in der Poschinger-Hütte gepflegt.

1867 ließ Johann Nepomuk bei Drachselsried eine Glashütte errichten, die er Gashütte nannte, „weil sie als eine der ersten in Bayern mit Gasheizung eingerichtet wurde". 1893 wurde der Betrieb wieder eingestellt.

1870 waren vom Rachel bis zu den Ausläufern des Arber 14 Glashütten in Betrieb, davon zehn im Besitz der Poschinger. Vier in Frauenau: die Altposchingerhütte, Neuhütte, Spiegelhütte und die Hütte in der Moosau, zwei in Oberzwieselau, zwei in Buchenau, Theresienthal und die Hütte in Drachselsried.

1873 wurde Georg Benedikt II. die erbliche Reichsratswürde verliehen. Als Mitglied der Ersten Kammer konnte er viel für seine Heimat erreichen, wie die Entscheidung für die Bahnlinie von Plattling nach Bayerisch Eisenstein. Sie wurde 1877 in Betrieb genommen. Später, beim Bau der Linie von Zwiesel nach Grafenau hat die Gutsverwaltung in erheblichem Umfang Grundstücke zur Verfügung gestellt, dazu einen nennenswerten Barbetrag.

1900 starb der Erbe von Georg Benedikt II. kinderlos. Sein Bruder Eduard Ferdinand wurde Erbe, 1901 dann dessen Sohn Eduard Georg. Seit 1890 war nur noch die Hütte Moosau in Betrieb, die von 1905 bis 1924 an Isidor Gistl verpachtet war.

1930 übernahm den Besitz Dipl.-Forstwirt Hippolyt Freiherr Poschinger von Frauenau als 13. Hüttenherr in der elften Generation von seinem Vater Eduard Georg. Von allen Poschingern, die sich für politische Ämter zur Verfügung stellten, erreichte Hippolyt Freiherr von Poschinger als Präsident des Bayerischen Senats 1968 bis 1982 das höchste Amt.

1980 übergab Hippolyt – er starb 1990 – den Gesamtbesitz an seinen ältesten Sohn, Dipl.-Volkswirt Stephan. Er leitet bis heute eine Mundblashütte, die der älteste Familienbetrieb dieser Art auf der Welt ist.

Stephan Freiherr von Poschinger ist zudem Eigentümer von knapp 3000 Hektar Grund und Boden in der Gemeinde Frauenau. Zum Vergleich: 6000 Hektar beträgt die Gemeindefläche der Gemeinde Frauenau.

Stephan Freiherr von Poschinger hat, nach dem Tode seines Vaters, das Herrenhaus in Oberfrauenau vollständig renoviert. Sein Sohn Benedikt wird einmal Gut und Glashütte weiterführen.

Baronin Sylvia und Baron Stephan von Poschinger
mit ihrem zweiten Sohn Alexander.

Ursula Gräfin von Schönburg-Glauchau und ihre Familie

Die Fischerin vom „Königreich Röcklmühle“

„Königreich Röcklmühle“ nennt Anabel ihre Heimat – ein idyllischer Weiler in der Nähe von Aicha vorm Wald (Lkr. Passau). Anabel liebt ihre Heimat, auch wenn sie erst drei Jahre dort wohnt. Anabel ist eine Gräfin, Tochter der Gräfin Ursula von Schönburg-Glauchau und Halbschwester der Fürstin Gloria von Thurn und Taxis. Im „Königreich Röcklmühle“ aber ist Anabel die Prinzessin.

Eine junge, fröhliche Frau (1980 geboren) ist sie. Spontan, schlagfertig, witzig, voller Lebenslust. Eine Frau, die aber schnell ernst wirkt, wenn sie vom Tod ihres Vaters spricht. Graf Joachim von Schönburg-Glauchau starb 1998 in Röcklmühle im Alter von 69 Jahren – das „Königreich“ hat seinen „König“ verloren. Aus Sachsen waren Vater, Mutter und Tochter 1997 ins niederbayerische Röcklmühle gekommen, haben ihre Wohnung in Schloss Rochsburg bei Chemnitz aufgegeben.

Schloss Rochsburg, über Generationen im Besitze der Grafen von Schönburg-Glauchau. Seit 1945 gehört es dem Staat – wie auch die beiden anderen Schönburgischen Schlösser in Glauchau und Wechselburg. Die sächsische Adelsfamilie Schönburg-Glauchau in Sachsen (vergleichbar mit den Wittelsbachern in Bayern) wurde enteignet, hat alles verloren. Graf Joachim flüchtete. Es folgten „Jahre des Exils“, so zitiert Gräfin Ursula ihren Mann. Er war Entwicklungshelfer in Afrika, lebte in Bonn und München.

„Richtig heimisch, glaube ich, hat er sich aber nirgends gefühlt. In seinem Herzen war er Sachse“, erinnert sich die Gräfin, die 1951 geboren ist. Die Sehnsucht nach der

Ursula Gräfin von Schönburg-Glauchau und Tochter Anabel leben seit 1997 in Röcklmühle, nahe Aicha vorm Wald. Dort widmet sich die Gräfin der Fischzucht.

Heimat hat ihn 1990 schließlich wieder dorthin getrieben. Ehefrau und Tochter gingen mit ihm, lebten sieben Jahre auf Schloss Rochsburg. Zur Miete, 800 Mark im Monat. „Und die Heizung kostete in den Wintermonaten das Doppelte. Für meinen Mann war es schwer, in seinem eigenen Schloss als Untermieter zu wohnen.“

Anabel hingegen denkt gerne an diese Zeit zurück: „Es war aufregend und unheimlich, in einem Schloss zu wohnen.“ Gräfin Ursula erlebte die Zeit anders: „Ich wurde von den Sachsen mit Argusaugen beobachtet, musste jedes

Wort auf die Goldwaage legen. Die Leute waren damals noch sehr von der SED geprägt, sahen die Adligen immer noch als Ausbeuter an. Oft habe ich mich gefühlt, wie der karierte Papagei im schwarzen Nest."

Die Koffer zu packen und dieses „Nest" einfach zu verlassen, das war für Gräfin Ursula ohne einen Anlass jedoch kein Thema. „Mein Mann liebte diese Menschen. Egal, was sie taten oder sprachen, er verteidigte sie. Und sie respektierten ihn und haben ihn sogar zu ihrem Bundestagsabgeordneten gewählt. Erst in Rochsburg habe ich erfahren, wie stark verwurzelt er in seiner Heimat war." Dann wurde Graf Joachim krank. Schwer krank. Parkinson, Probleme mit dem Herzen, Krebs. Plötzlich gab es einen Anlass.

Für jeden Spaß zu haben waren Gräfin Ursula und Graf Joachim von Schönburg-Glauchau: Auf Schloss Rochsburg spielten sie die „Schlossherren" und „schlugen" junge Burschen zu Rittern.

Die Familie entschloss sich zu gehen. „Mein Mann tat sich immer schwerer, die 97 Stufen bis in unsere Wohnung in den dritten Stock des Schlosses hochzusteigen. Wir wollten uns in Bayern ein Anwesen kaufen. Ich bin in Gauting bei München geboren und sehnte mich nach meiner Heimat zurück. Meinem Mann war es recht. Er wollte da sein, wo ich war." In Röcklmühle fanden sie das, wonach sie gesucht hatten: ein kleines Haus, ehemals der Teil einer Mühle, abgelegen und inmitten von Wäldern – weg von jeglichem Rummel, weg von der Öffentlichkeit.

Schloss Rochsburg bei Chemnitz war einst der Sitz der Grafenfamilie von Schönburg-Glauchau.

Warum gerade Röcklmühle? Gräfin Ursula: „Ganz einfach, ein Haus mit Garten, mit Blick auf den Wald konnten wir uns in München oder Regensburg nicht leisten. Mein Mann hatte nach seiner Flucht vor den Russen 1945 alles verloren. Und auch die Scheidung von seiner ersten Frau kostete ihn viel. Wir haben von seiner Rente als Journalist und Bundestagsabgeordneter gelebt."

Graf Joachim war in erster Ehe mit Beatrixe von Schönburg-Glauchau verheiratet. Aus dieser Ehe stammen die Söhne Alexander und Carl-Alban und die Töchter Maya und Gloria – in der Öffentlichkeit keine unbekannten Frauen: Maya war mit dem Unternehmer und Multi-Millionär Mick Flick verheiratet, Gloria mit dem Fürsten von Thurn und Taxis. Seit dem Tode ihres Mannes leitet Gloria das fürstliche Anwesen in Regensburg.

Gräfin Ursula war die zweite Frau von Graf Joachim. „Ich war der Scheidungsgrund“, sagt sie ganz offen, „mein Mann hat sich nach 28 Ehejahren von seiner Frau getrennt. Und von der Familie. Darunter hat er sehr gelitten, auch wenn man ihm das nicht geglaubt hat. Aber er hat sich letztendlich für mich entschieden, und das hat mich unendlich glücklich gemacht.“ Mit Tränen in den Augen: „Der Jockl war alles für mich. Er war die Liebe meines Lebens!“ Der „Jockl“ ist es auch, um den sich das Gespräch an diesem sonnigen Sonntag-Vormittag immer wieder dreht.

Gräfin Ursula erzählt von der Zeit ihres Kennenlernens bei der bayerischen Jadgzeitung „Die Pirsch“. „Er war ja ein begeisterter Jäger und dort stellvertretender Chefredakteur, und ich habe beim Verlag gearbeitet. Es war Liebe auf den ersten Blick. Er kam, sah und siegte.“ Sie erzählt von der Zeit ihrer geheimen Verbindung. „Das war damals nicht leicht für mich und für den Jockl und natürlich auch nicht für seine Familie.“ Sie schweigt einen Moment: „Ich konnte es wirklich verstehen, dass auch die Kinder aus Jockls erster Ehe nicht gut auf mich zu sprechen waren. Ich habe ihnen ja sozusagen den Vater wegenommen. Außerdem war ich 22 Jahre jünger als der Jockl. Und wir hatten eine gemeinsame Tochter.“

Sie erzählt von der Zeit, in der ihr Mann krank war. Drei Jahre lang hat ihn Gräfin Ursula gepflegt, selbst als er im letzten Jahr schwerstpflegebedürftig war. „Ich war bis zum letzten Atemzug bei ihm.“ Und sie erzählt von seiner Beerdigung und von der Versöhnung mit seiner ersten Ehefrau. Graf Joachim fand auf seinen ausdrücklichen Wunsch hin in der Familiengruft in Wechselburg seine letzte Ruhe. Gräfin Ursula: „Ich glaube, Beatrixe hat am Grabe meines Mannes ihren Groll gegen mich begraben. Sie hatte ihn an mich verloren. Und nun hatte auch ich ihn verloren. Beatrixe hatte den Jockl immer noch geliebt.“ Anabel ergänzt: „Jeder, der den Papi einmal geliebt hat, hat ihn immer geliebt.“

Als lose, aber mittlerweile gut bezeichnet Gräfin Ursula das Verhältnis zu ihren Stiefkindern, vor allem zu Gloria von Thurn und Taxis. Oft habe Gloria die Anabel schon in den Urlaub eingeladen. Anabel berichtet voller Euphorie von einem Abendessen beim bulgarischen König. „Ich war mit Gloria und ihren Kindern in Spanien, und auf der Rückreise haben wir dort einen Zwischenstopp eingelegt. Ich war mächtig aufgeregt, und mit Glorias Tochter Elisabeth habe ich im Flugzeug noch den Hofknicks geübt.“

Anabel Gräfin von Schönburg-Glauchau.

Mit dem Finger zeigt Anabel vom Wohnzimmer aus auf den VW-Golf, der in der Einfahrt parkt. „Und den hat mir die Gloria zum achtzehnten Geburtstag geschenkt.“

Erst spät, mit zwölf Jahren, hat Anabel ihre Halbschwester Gloria von Thurn und Taxis aus Regensburg kennen gelernt. „Aus Loyalität gegenüber der Familie meines Mannes. Ein zu früher

Kontakt wäre, glaube ich, nicht günstig gewesen", erklärt Gräfin Ursula. „Aber es ist ja nie zu spät." Recht gut versteht sich Anabel mit Glorias Kindern, Prinzessin Elisabeth, Prinzessin Maria-Theresia und Erbprinz Albert. Sie sind in einem ähnlichen Alter wie Anabel.

Eine echte Prinzessin wie die beiden Fürstentöchter möchte Anabel aber nicht sein und auch nicht werden, sagt sie zumindest. „So viele Bodyguards wären da immer um einen rum. Da ist man im Leben doch sehr eingeschränkt." Überhaupt müsse der Mann, den Anabel einmal heiraten möchte, nicht unbedingt ein Adliger sein, sagt sie. „Verliebt muss ich in ihn sein, dann ist mir das egal, was er ist." Noch hat Anabel den Richtigen aber nicht gefunden. Sie hat auch noch Zeit. Zuerst will sie, nachdem sie in Vilshofen das Abitur und in München bei einer Werbefirma ein Praktikum gemacht hat, erst einmal eine Graphik- und Design-Schule in München besuchen. Die Mama begrüßt den Berufswunsch. „Sie war schon immer künstlerisch begabt. Ich bin froh, dass sie sich endlich dafür entschieden hat."

Um ihrer Tochter die Ausbildung finanzieren zu können, wird Gräfin Ursula in Zukunft wieder arbeiten müssen. Die Witwenrente reiche nämlich dafür nicht aus. Eine Stelle hat sie bereits in Aussicht, möchte aber nicht darüber sprechen: „Die Sache ist noch nicht spruchreif." Arbeiten – das macht der Gräfin auch nichts aus. „Ich war immer in der Lage, mir mein Geld selber zu verdienen." Gelernte Schneiderin ist sie, hat unter anderem viele Jahre eine Kunstgewerbe-Boutique geführt.

Auch sonst legt die Gräfin Hand an, wo's nötig ist: im Haus, im Garten oder bei den fünf Fischteichen, die zum Anwesen gehören. Bohren, hämmern, dübeln und schrauben – kein Problem für die Gräfin. Und Fliesen legen kann sie auch. „Ich habe im Schloss in Rochsburg den Küchenboden selbst gefliest."

Gräfin Ursula und ihr Mann Graf Joachim von Schönburg-Glauchau gingen beide leidenschaftlich gerne auf die Jagd.

Recht unkompliziert und natürlich wirkt Gräfin Ursula von Schönburg-Glauchau. So erzogen sei sie von den Eltern geworden. Sie stamme ja aus „einfachen Verhältnissen". Der Vater war Zimmermann, die Mutter Hutmacherin. Hat sich ihr Leben 1986 durch die Heirat mit einem Adligen verändert? „Ich habe mich nicht verändert, dafür aber das Interesse der Öffentlichkeit an meiner Person. Die Regenbogen-Presse hat mich, vor allem als der Jockl noch lebte, nicht aus den Augen gelassen. Als wir noch in München wohnten, verging kein Tag, an dem uns Journalisten nicht belästigt haben." Aber besonders schlimm sei es für sie gewesen, als sie einmal in einer Zeitschrift als „rothaariges Ungeheuer" bezeichnet worden war, das sich nur an den Titel des Grafen heranmachen wollte. „Dass es nicht so war, wissen inzwischen viele und spätestens nach der Krankheits- und Pflegephase meines Mannes auch meine Stiefkinder. Sie haben ihn ja öfter besucht."

In Röcklmühle erinnern an den Grafen noch viele Fotos. Sie zeigen ihn häufig bei seinem liebsten Hobby, dem Jagen. Gräfin Ursula teilte diese Leidenschaft mit ihm. Ganz im Jagdstil eingerichtet ist auch das Haus: So hängen in Bündeln zusammengefasste Fuchsfelle neben der Eingangstür und über dem Treppengeländer. Bilder von Jagdszenen und Rehgeweihe zieren die Wände im Wohnzimmer, das mit seinen teils antiken, teils modernen Möbeln und dem Kaminofen gemütlich wirkt. In der Türkei, Jugoslawien, Ungarn, Russland, Dänemark und Schweden war das Ehepaar zur Jagd. Und voller Stolz erzählt die Gräfin von ihrem größten Jagderfolg: Ein Riesen-Wildschwein, erlegt in der Türkei.

Nach dem Tode ihres Mannes lebt die Gräfin sehr zurückgezogen und widmet sich in Röcklmühle ausschließlich der Fischzucht. „Ich habe hier einen Platz gefunden, wo ich bleiben möchte." Im nahe gelegenen Ort Aicha vorm Wald kennt man die Gräfin, hat sie längst als eine der „ihren" akzeptiert. „Der Metzger hat mich beim ersten Einkauf mit „du" angesprochen, und als er wusste, wer ich war, hat er weiter „du" zu mir gesagt. Ich mag diese Ungezwungenheit."

Ungezwungen und unkompliziert wirkt auch Anabel. Und selbstbewusst. Erziehungssache? Gräfin Ursula nickt: „Mein Mann hat immer gesagt, man muss die Kinder so erziehen, dass sie unterm Kronleuchter zurechtkommen, aber auch mit Kakalaken." Bei Anabel habe sie da keinerlei Sorge.

Auf dem Weg zu den Fischweihern erzählt die Gräfin, dass sie ihren Mann – solange es gesundheitlich möglich war – täglich mit dem Rollstuhl dorthin geschoben habe. Er habe die Idylle und Ruhe geliebt. Stundenlang seien sie in einem der Pavillons gesessen, hätten einfach über alles gesprochen. Auch Anabel zieht es oft an diesen Platz. „Königreich Esambesi" hat sie das Fleckerl Natur benannt, das sie so sehr an ihren Vater erinnert. Annähernd so viel erleben wie der Papi, möchte sie denn auch einmal im Leben. Und, sagt sie, „so sein, wie er war".

Stammbaum: Joachim Graf von Schönburg-Glauchau

Joachim Graf von Schönburg-Glauchau wurde 1929 als Sohn von Carl Graf von Schönburg-Glauchau (1899–1945) und Maria Anna Gräfin Baworow-Baworowka (1902–1988) in Glauchau (Sachsen) geboren. Er war das zweitälteste Kind und ältester Sohn von insgesamt acht Kindern. Noch im selben Jahr übersiedelte er mit seinen Eltern nach Wechselburg. Von dort besuchte er später die Oberschule im sächsischen Rochlitz. Nach dem Tod seines Vaters (er fiel 1945 im Krieg) sollte Joachim Graf von Schönburg-Glauchau das Erbe seines Vaters antreten. Im Spätherbst 1945 floh er vor den russischen Machthabern in den Westen. Die Schönburgischen Schlösser in Rochsburg, Wechselburg und Glauchau (Sachsen) wurden enteignet.

In der Schweiz studierte Joachim Graf von Schönburg-Glauchau dann Politik und war später als Journalist und Entwicklungshelfer tätig. Nach der Wende kehrte er nach Sachsen zurück und wurde im heimatlichen Wahlkreis direkt in den Bundestag gewählt. Sieben Jahre lang lebte er in einer Mietswohnung in Schloss Rochsburg. Aus gesundheitlichen Gründen zog er 1997 nach Aicha vorm Wald, wo er ein Jahr später starb.

Graf Joachim von Schönburg-Glauchau war in erster Ehe mit der ungarischen Gräfin Beatrix Szechenyi von Sarvar und Felsövid verheiratet. Aus dieser Verbindung stammen die Kinder: Maya, Gloria (die Fürstin von Thurn und Taxis aus Regensburg), Carl-Alban und Alexander. Die Ehe wurde 1986 geschieden. Joachim Graf von Schönburg-Glauchau heiratete noch im selben Jahr Ursula Zwicker. Anabel ist ihre gemeinsame Tochter.

Ursula Gräfin von Schönburg-Glauchau und ihre Tochter Anabel trauern um den Ehemann und Vater: Eine schwere Krankheit riss Joachim Graf von Schönburg-Glauchau 1998 aus dem Leben. Er starb in Röcklmühle.

Katalin Freifrau und Johann Carl Freiherr von Hoenning O'Caroll und ihre Familie

Prunk und Gottvertrauen auf Schloss Sünching

„Adel verpflichtet", heißt es in einer Fernsehwerbung. Johann Carl Freiherr von Hoenning O'Caroll und seine Frau Katalin aus Sünching (Lkr. Regensburg/Oberpfalz) sind Adelige – und fühlen sich als Adelige auch verpflichtet. Zwar nicht den edlen Pralinen wie die Hoheiten aus der Werbung, die mit diesem Anspruch antreten. Sie fühlen sich dem Erhalt ihres Schlosses verpflichtet – ein Rokoko-Bau aus der Mitte des 18. Jahrhunderts, einer der wenigen dieser Stilrichtung in Niederbayern und der Oberpfalz.

Die Herren auf Schloss Sünching: Katalin und Johann Carl von Hoenning O'Caroll.

Von 1979 bis 1985 wurde das Schloss in Achteckform grundlegend restauriert. In der Ortsmitte von Sünching steht heute ein prachtvolles und gepflegtes Haus mit insgesamt 60 Zimmern; ein Haus, das von berühmten Künstlern des 18. Jahrhunderts gebaut, ausgestattet und mit Bildern geschmückt worden ist: Franyois Cuvillies, Ignaz und Matthäus Günther, Franz Xaver Feichtmayer – alles klangvolle Namen ihrer Zunft.

Die Enkeltöchter: Marie-Dorothée (oben) und Sophie.

Der Weg in das Billardzimmer, in das die Freifrau von Hoenning O'Caroll (1946 geboren) zum Gespräch gebeten hat, führt über die sogenannte „Schwarze Stiege". Ihr geschmiedetes Treppengeländer windet sich scheinbar in einem Stück vom Erdgeschoss bis zum zweiten Stock. Katalin von Hoenning O'Caroll schreitet die Stufen schnell hinauf. Seit 34 Jahren ist sie mit dem Schloss vertraut. Genau so lange ist sie mit Johann Carl von Hoenning O'Caroll (1940 geboren) verheiratet und hat sich längst an die Sehenswürdigkeiten wie die „Schwarze Stiege" gewöhnt ebenso wie an den weißen Kachelofen im Billardzimmer, einer von fünf über zwei Meter hohen bossierten (roh behauten) weißen und fünf schwarz glasierten und bossierten Öfen des Münchner Hafnermeisters Franz Ignaz Niedermayr. „Wenn man sich jeden Tag in dem Raum aufhält, werden einem die guten Stücke alltäglich. So soll es auch sein. Unser Haus ist zwar ein Schloss, aber kein Museum."

Die kleinen Enkeltöchter Sophie und Marie-Dorothée würden dafür immer wieder den Beweis liefern, wenn Tochter Antoinette mit den Kindern zu Besuch im elterlichen Schloss sei, erzählt die Freifrau. „Die Mädchen sausen mit dem Bobby-Car rund um den Billardtisch. Das dürfen sie auch. Sie sollen sich wohl fühlen.“ Vor wertvollen Kostbarkeiten aus Porzellan oder Silber müssen die Kleinen allerdings schon Halt machen. „Die Mädels müssen auch lernen, dass sie nicht überall hinfassen dürfen.“ An genügend Versuchungen mangelt es wahrlich nicht.

Nicht lange hält es die Baronin (Freifrauen und -herren nennen sich auch Baron und Baronin) im Billardzimmer. Sie zeigt die anderen Prunkräume, die allesamt, wie sie sagt, zu Familienfesten, an großen Festtagen wie Weihnachten usw. auch regelmäßig genutzt werden: der Weiße Salon, geschmückt mit Porträts der Nachfahren des Erbauers Joseph Franz Graf von Seinsheim; der Rote Salon mit seinem eindrucksvollen Lüster sowie den sechs Wandleuchtern aus böhmischem Glas und seinem erlesenen Mobiliar; der Blaue Salon mit seinem vergoldeten Rokokotisch mit Gobelinplatte und Rokokoschreibtisch mit Bronzebeschlägen. Es ist das Lieblingszimmer der Freifrau: „Ich mag die Farbe hellblau. Der Salon wirkt dadurch freundlich.“

Schloss Sünching: Ein Rokoko-Bau aus der Mitte des 18. Jahrhunderts, einer der wenigen dieser Stilrichtung in Niederbayern und der Oberpfalz.

Dann gibt es im Schloss noch den Grünen Salon, einstmals ein Winterspeisezimmer, mit dem grünen Konsoltisch mit Kunstmarmorplatte und dem Kamin aus Tegernseer Marmor sowie das Chinesenzimmer, das seinen Namen von den chinesischen Tapeten erhalten hat, die seine Wände bedecken. Die Freifrau: „Die Tapeten wurden als lose Papierblätter aus China importiert und erst in Sünching auf ungebleichtes Leinen, das für diesen Zweck auf Rahmen gespannt wurde, aufgezogen.“ Eine Restaurierung dieses Zimmers steht noch bevor.

Nur das kleine Durchgangskabinett (ebenfalls im chinesischen Stil) vor dem Großen Saal ist bereits restauriert. Die Freifrau zeigt dort mit dem Finger auf ein Stück Tapete: „Wenn man genau hinsieht, bemerkt man, dass die chinesischen Gesichter Oberpfälzer Stupsnasen haben.“ Sie muss lachen: „Offensichtlich war da ein Streifen Originaltapete zu wenig. Und so hat wahrscheinlich ein Dorfkünstler das Werk vervollständigt.“

Vom Chinesenzimmer gelangt man in den Großen Saal. Der zweigeschossige Rechteckraum besitzt fünf Fensterachsen, mit denen an der Gegenseite verspielte Blindfenster korrespondieren. Die Rechteckform bleibt auch in dem die ganze Flachdecke füllenden Fresko erhalten. Es zeigt die vier Jahreszeiten. Ursprünglich war der Saal weder als Fest- noch als Musiksaal gedacht. „Ein Spielzimmer soll es in der Zeit des Rokoko einmal gewesen sein“, weiß die Freifrau. Auch der Große Saal wird heute ausschliesslich für private Zwecke

Schmuckstück des Schlosses ist der Große Saal.

genutzt. Vorbei sind die Zeiten, in denen Zdenko, Freiherr von Hoenning O'Caroll, der Schwiegervater von Katalin von Hoenning, im Saal klassische Musikkonzerte abgehalten hat. Die Freifrau: „Der Raum ist nicht beheizbar. Die Temperaturschwankungen bei Konzerten haben dem Stuck und mit der Zeit der Freskenmalerei sehr zugesetzt. Wir haben uns dann entschlossen, auf öffentliche Veranstaltungen zu verzichten."

Vorbei sind auch die Zeiten, in denen durch die Prunkräume öffentlich geführt wurde. Die Freifrau: „Durch den Besuch vieler Menschen werden die Räume zu sehr abgenutzt. Außerdem müsste man Führungs- und extra Putzpersonal einstellen. Das rentiert sich nicht. Einmal im Jahr stellen wir der Gemeinde bei schönem Wetter den Schloss-Rundhof für Konzerte zur Verfügung."

Ebenso wie ihr Mann mag die Baronin klassische Musik, liebt Puccinis Opern. Katalin von Hoenning O'Caroll ist eine gebürtige Ungarin und war vor ihrer Heirat eine Gräfin Zichy de Zich und Vasonkeö. In der Schloss-Kapelle erzählt sie, dass ihre Eltern in der Zeit des Kommunismus alles verloren haben. „Mein Vater war Jurist. Er galt als Klassenfeind und durfte nicht arbeiten. Versorgt haben wir uns mit den Naturalien, die sich meine Mutter als Orgelspielerin verdient hatte. Gewohnt haben wir bei einem Bauern." Während der Revolution in Ungarn ist sie 1956 mit den Eltern nach Deutschland gekommen, hat in München gelebt. Dort hat sie auch ihren Mann bei Verwandten kennen gelernt.

In der Schloss-Kapelle – ein kleiner Raum, auf einem achteckigen Grundriss errichtet – erzählt die Baronin auch von ihrer Krankheit. 1986 wurde ihr eine Niere transplantiert. Vorher war sie elf Jahre lang von der Dialyse abhängig, musste drei Mal wöchentlich jeweils acht Stunden an die Maschine zur Nierenwäsche. „Von Geburt aus hatte ich nur eine Niere, und die war eine Schrumpfniere. Ich habe nicht mehr gedacht, noch einmal ein Enkelkind im Arm halten zu können." Der Glaube an Gott habe ihr aber immer wieder Mut, Kraft und Hoffnung gegeben. Hoffnung auf eine bessere Zeit. „Es war auch für die Familie eine Belastung. Aber wir sind dadurch noch stärker zusammengewachsen."

„Irgendein großer Philosoph soll einmal gesagt haben, dass Gott denjenigen, den er liebt, prüft. An diesen Satz habe ich mich geklammert. Und es kamen nach den mageren Jahren, wie es so schön heißt, auch wieder fette." Umso mehr geniesst sie nun die Zeit, in der es ihr wieder „gut"

Der Blaue Salon ist das Lieblingszimmer von Katalin von Hoenning O´Caroll.

geht. „Ich lebe mein Leben viel bewusster. Und ich freue mich über Selbstverständlichkeiten, zum Beispiel, wenn die Sonne scheint oder wenn ich im Haus etwas schaffen kann.“ Zwei Putzhilfen gehen ihr dabei zur Hand. Nach wie vor zieht sich die Baronin oft in die Schloss-Kapelle zurück. Zum Beten. Zum Besinnen. Wenn möglich, feiert sie in der Kapelle einmal im Monat den Gottesdienst mit, den ein Geistlicher hält. Das ist ihr wichtig.

In die Schlosskapelle zieht sich die Baronin von Hoenning O'Caroll oft zum Beten zurück.

Wichtig sind für Katalin von Hoenning O'Caroll auch Traditionen. „Ich bin als Traditionsmensch erzogen worden.“ Bräuche und Sitten gehören für sie dazu. Und die Vereine. Dem Katholischen Burschenverein in Sünching gehört sie an. Voller Stolz: „1990 war ich ihre Fahnenmutter. Das war eine große Ehre für mich.“ Und ganz gewiss eine nicht weniger große Ehre für die Burschen. Katalin von Hoenning O'Caroll ist nämlich eine sehr fesche Frau. Überaus elegant wirkt sie in ihrem silbergrauen Strick-Twinset zum schwarzen Rock, zu dem sie ein fünfreihiges Perlen-Collier und Perlen-Ohrringe angelegt hat.

In der unteren Bibliothek hat sie sich mit ihrem Mann verabredet. Per Handy kündigt sie unser Kommen an. Johann Carl von Hoenning O'Caroll ist Land- und Forstwirt. 1971 hat er in Sünching die Verwaltung des Anwesens übernommen, hat mit seiner Familie im Verwalterhaus gewohnt. Nach dem Tode seines Vaters Zdenko 1996 bezog die Familie das Schloss. Johann Carl von Hoenning wirkt zurückhaltend. Vor allem, wenn es um Fragen des Besitzes geht. Da ist er nicht gesprächig. Nur soviel sagt er: „Eine Brauerei, eine Papiermühle, eine Mehlmühle, ein Sägewerk und eine Brennerei gehörten einst zum Betrieb und sind längst abgestoßen worden. Und auch die Schloss-Gärtnerei ist verpachtet.“ Wie er denn so ein schönes und großes Schloss überhaupt erhalten könnte? Der Freiherr hält sich auch zu dieser Frage bedeckt. Zuschüsse für denkmalgeschützte Gebäude hätte es vom Staat gegeben. Ansonsten schweigt er dazu. Dass die Restaurierung und der Erhalt des Hauses ein kleines Vermögen koste, will er aber nicht abstreiten. Alleine die Heizkosten beliefen sich jährlich auf etwa das Dreifache eines Einfamilienhauses.

Als Last empfinde er das Schloss jedoch nicht – trotz gewisser Einschränkungen. Der Freiherr: „Wir verreisen selten für längere Zeit. So ein großes Haus lässt man nicht leicht alleine.“ Etwa 2000 Schlösser und Burgen gibt es in

Bayern. 219 in Niederbayern, 346 in der Oberpfalz. Millionen von Mark verschlingen die Restaurierung und der Erhalt dieser Häuser. Mit einer derartigen Belastung wird sich auch einmal Antoinette, Tochter und einziges Kind des Ehepaares von Hoenning O'Caroll anfreunden müssen. 1968 ist sie geboren. Alleinerbin. Vor ihrer Heirat arbeitete sie in einer Inneneinrichtungs-Firma. 1996 hat sie Johannes Graf von Schaesberg geheiratet. Mutter und Hausfrau ist sie nun und lebt in Düsseldorf.

Apropos Hausfrau: Täglich und gerne kocht Katalin von Hoenning O'Caroll für ihren Mann. Ungarisch? „Nein. Nein. Vor allem mit Gulasch hat er während seiner Internatszeit keine guten Erfahrungen gemacht. Da sind ihm Kartoffelgerichte viel lieber und ein Wiener Schnitzel." Sie dagegen schwärmt für gebratene Ente mit Semmelknödel und süßem Weißkraut. „Das isst man in Ungarn zur Ente." Bei großen Festen mit nicht selten 250 Gästen kocht die Freifrau aber nicht selber. „Befreundete Dorffrauen kommen dann ins Schloss und helfen mir. Oder wir lassen das Essen liefern", so die Freifrau.

Die letzte große Festivität liegt Jahre zurück: der 80. Geburtstag von Johann Carl von Hoenning O'Carolls Stiefmutter Adelgunde, einer Prinzessin von Bayern und Enkelin des letzten Bayernkönigs Ludwig III. Seine leibliche Mutter Margit, eine gebürtige Prinzessin von Lobkowicz, starb 1946 bei der Geburt des neunten Kindes. Johann Carl von Hoenning O'Caroll war erst fünf Jahre alt. Er kann sich noch gut an seine Mutter erinnern. „Nicht an Einzelheiten. Sie war halt einfach da." Mit weiteren fünf Stiefgeschwistern ist er im Schloss Sünching aufgewachsen. In einer Großfamilie. „Das war schon eine schöne Zeit. Vor allem an Weihnachten. Da stand im Großen Salon ein riesiger Christbaum und, ehrlich gesagt, Geschenke gab's immer reichlich. Aber damals war ja ein Holzpferd auch schon eine riesiges Geschenk."

Nach wie vor verstehe er sich mit seinen Geschwistern gut. Von Österreich bis Frankreich verstreut leben sie. Die meisten davon seien auch wieder mit Adeligen verheiratet. Ein Muss? Der Freiherr verneint: „Man hat eine große Verwandtschaft und bewegt sich auch häufig in diesen Kreisen. Da ist die Wahrscheinlichkeit einfach größer, einen Adeligen zu heiraten." Für seine Tochter wäre ihm aber natürlich ein bürgerlicher Schwiegersohn genauso recht gewesen, versichert er.

Regelmäßiger Kontakt besteht auch zu seiner Stiefmutter. „Mami" nennt der Freiherr sie. In Leutstetten bei Starnberg verbringt sie ihren Lebensabend zusammen mit zwei Söhnen und deren Familien auf ihrem großen Anwesen. „Ein stattliches Haus", meint der Freiherr, wie auch sein eigenes. Das Schloss in Sünching im Sinne der Familientradition für die folgende Generation zu erhalten, ist sein größter Wunsch für die Zukunft und auch der seiner Frau. Der Freiherr: „Das sehen wir als unsere Lebensaufgabe. Dazu fühlen wir uns verpflichtet."

Das Wappen der Familie Hoenning O'Caroll auf Schoss Sünching.

Stammbaum: Schloss Sünching

Wer vom Norden aus Richtung Regensburg oder vom Süden aus Richtung Geiselhöring nach Sünching fährt, der

So oft es geht, besucht Tochter Antoinette mit ihrem Mann, Johannes Graf von Schaesberg, und den beiden Töchtern Marie Dorothee (links) und Sophie die Eltern in Sünching. Antoinette Gräfin von Schaesberg lebt mit ihrer Familie in Düsseldorf.

wird des Ortes erst ansichtig, wenn er den letzten Höhenzug überschritten hat und auf etwa einen Kilometer dem Ort nahe gekommen ist. Sünching liegt im Labertal, einem besonders sumpfigen Landstrich in der Donauebene. Die Lage erklärt, warum das Schloss auf sogenannten „Bürsten" erbaut wurde. Bürsten sind Holzpfähle, die tief in den Boden gerammt wurden, um den Grundmauern in dem morastigen Boden Festigkeit zu geben.

Nachdem das Labertal in frühester Zeit mit Laubgehölzen, vornehmlich Erlen, Eschen und Eichen, bewaldet war, eignete sich der Platz vorzüglich für eine versteckte, eventuell sogar befestigte Siedlung. Auf einer alten Karte aus der Römerzeit ist nördlich der Alpen eine Straße eingezeichnet, die von Sorbiodurum (Straubing), südlich an Castra Regina (Regensburg) vorbei, nach Abusina (Abendsberg) führte. Dieser Straßenzug entspricht in seinem Verlauf unserer „Ochsenstraße". Die Römerstraße, als „Via Octavia" gekennzeichnet, könnte, vom Volke nicht mehr verstanden, zur „Ochsenstraße" verballhornt worden sein, wie dies auch in der Nähe Triers der Fall war.

Der Name Sünching erscheint erstmalig in einer Urkunde der frühkarolingischen Zeit. Ein Sohn Adeluncs von Linhardt übereignete 773 Besitzteile, die er in Sünching hatte, seiner Gemahlin Irminswind; diese wiederum schenkte ihre eigenen Güter in Parma der Freisinger Domkirche. Es gibt eine große Anzahl von Zeugnissen, aus denen hervorgeht, dass die Sünchinger Ritter ein bischöflich-regensburgisches Marschallamt bekleideten. Auch als die Familie der Sinchinger ausgestorben war, wurden ihre Nachfolger, die Hofer von Lobenstein, mit Sünching belehnt und mit dem Marschallamt betraut.

Als 1448 mit Degenhart Hofer die Sünchinger Linie ausstarb, heiratete dessen Tochter Klara den Ulrich Stauf von Ehrenfels. Diese Staufer erwarben Sünching als Eigentum und waren hier bis 1573 ansässig, traten aber schon 1572 mit Georg Ludwig von Seinsheim in Verkaufsverhandlungen. Der Verkauf wurde 1573 perfekt. Georg Ludwig von Seinsheim erwarb für 100 000 Gulden das Schloss und die gesamte Hofmark mit allem Ein- und Zubehör. Dieser Georg Ludwig von Seinsheim war in Franken, seinem Herkunftsland, ein bedeutender Mann, Generalissimus der katholischen Ligatruppen, Stadthauptmann in Würzburg, kaiserlicher Geheimer Rat und im Niederländischen Erbfolgekrieg der einzige Schiedsrichter, der nicht aus fürstlichem Hause war. Er wurde wegen seiner Verdienste in den Freiherrenstand erhoben und vereinigte bei dieser Gelegenheit sein Wappen mit dem der Sünchinger. Seit dieser Zeit ist das Seinsheimer Wappen immer mit dem springenden, gekrönten Sünchinger Keiler vereint.

Das 1573 erworbene Schloss in Sünching, von dem leider keine Darstellung überliefert ist, stand bis zum Jahre 1648. Während der damals wütenden Pest legten die Dorfbewohner ihre Kranken in das unbewohnte Schloss. Um alle Keime einer Ansteckung zu beseitigen, wurde das Schloss einfach niedergebrannt. Nachdem der Dreißigjährige Krieg auf diese Weise seine Spuren hinterlassen hatte, der alte Schlossherr gefallen und das Besitztum gebrandschatzt worden war, fiel das neue Schloss, das der nunmehrige Besitzer, Friedrich Ludwig Freiherr von Seinsheim, 1668 am alten Schlossplatz errichten ließ, klein aus. Es war nur ein einstöckiges Haus mit einer Galerie darüber, auf welcher der Dachstuhl aufgesetzt war. Das Haus selber war ein stumpfwinkeliger Flügelbau, der auf eine Baufortsetzung zu warten schien, über deren Beabsichtigung aber nichts Näheres bekannt ist.

Bei der Restaurierung im Jahre 1979 fand ein Arbeiter beim Abschlagen des alten Putzes im Innenhof einige Ziegel, die ganz offensichtlich gegen jede Regel der Baukunst eingemauert worden waren. Als diese weggenommen wurden, kamen drei vermutlich römische Säulen zum Vorschein. Das Merkwürdige ist, dass die Säulen zwar gleich hoch sind, aber nicht die gleiche Form haben. Diese Säulen, wird vermutet, können durchaus von der römischen Villa Rustica stammen, deren Fundamente Ende der 60er Jahre in unmittelbarer Nähe Sünchings beim Kiesabbau freigelegt wurden. Während viele Schlösser, die während des Dreißigjährigen Krieges zerstört worden waren, von der Landkarte verschwunden sind, wurde Schloss Sünching in der Mitte des 18. Jahrhunderts im Wesentlichen neu errichtet und von bedeutenden Künstlern ausgestattet.

Der Name „von Seinsheim" erlosch im Jahre 1893, als Gabriele Gräfin von Seinsheim (1868–1954), die Freifrau auf Sünching, Johann Freiherr von Hoenning O'Caroll (1864–1954) heiratete. Ihr gemeinsamer Sohn Zdenko Freiherr von Hoenning O'Caroll (1906–1996) wurde Nachfolger auf Schloss Sünching. 1934 heiratete er Margit Prinzessin von Lobkowicz. Sie starb 1946 im Alter von 33 Jahren. Aus dieser Ehe stammen neun Kinder. Johann Carl von Hoenning O'Caroll hat als Sohn aus dieser Verbindung Schloss und Anwesen in Sünching übernommen. Zdenko Freiherr von Hoenning O'Caroll heiratete 1948 ein zweites Mal: Adelgunde Prinzessin von Bayern, eine Enkelin des letzten Bayernkönigs Ludwig III. Aus dieser Verbindung stammen fünf weitere Kinder. Der Name O'Caroll ist irischen Ursprungs und geht auf Carolina von Ely O'Caroll (1784–1816) zurück, die Emil August von Hoenning (1781–1809) geheiratet hatte.

Otto Graf von La Rosée auf Schloss Thurnstein bei Postmünster

„Ich will doch keinen Kulturfriedhof“

Das Schloss Thurnstein bei Postmünster. Abgelegen. Idyllisch. Romantisch. Eine Straße führt den Hügel hinauf. Bis zum schmiedeeisernen Tor. Es ist offen – ein erster Hinweis auf die weltoffene Sicht der Dinge des

Die Herren auf Schloss Thurnstein: Otto Graf von La Rosée mit seiner Frau Ilona und zwei seiner drei Kinder, Philipp und Marie.

Schlossherrn, wie sich im Laufe des Gespräches an einem Sonntag Nachmittag herausstellen soll: Otto Graf von La Rosée. 1952 ist er geboren. Diplom-Kaufmann. Mit seiner ein Jahr älteren Frau Ilona und den Kindern Caroline (1979 geboren), Marie (1980 geboren) und Philipp (1983 geboren) lebt er in dem Schloss.

Die Aussenfassade ist frisch restauriert. Frisch renoviert ist auch der Schlosshof. 15 Jahre lang dauerten die Umbauarbeiten. Sie haben viel Geld gekostet. Geld, das zu einem Teil aus der Bewirtschaftung der gräflichen Land- und Forstwirtschaft stammt. Der Graf: „Der Betrieb ist aber im Vergleich zu Größe und Umfang der Gebäude einfach zu klein. Da bin ich froh, dass auch noch von jeher ein großer Immobilienbestand zum Anwesen gehört, auf den man zurückgreifen kann.“ Als ehemaliger Filialleiter einer Bank kennt er sich ohnehin mit der Finanzierung derartiger Großprojekte wie der Renovierung seines Anwesens aus.

Vor einigen Jahren hat er den Bankberuf jedoch aufgegeben. „Es war notwendig, dass ich mich um den Betrieb kümmere und vor allem um den Umbau.“ Dazu gehört die Neugestaltung der einstigen Landarbeiter-Unterkünfte im Schlosshof. Sechs komfortable Mietswohnungen hat der Graf daraus gemacht und damit eine weitere, sichere Einnahmequelle geschaffen, wie er sagt. Familien, Selbstständige, Künstler und Rentner wohnen darin. „Wenn ein Betrieb nicht stagnieren soll, muss man sich etwas einfallen lassen. Die Modernisierung der alten Wohnungen war eine solche Idee.“

Modern denkt Otto Graf von La Rosée auch, wenn es um die Erziehung und Ausbildung der Kinder geht. „Im Hinblick auf ein Vereintes Europa sind Sprachen und das Beherrschen des Computers heute das A und O. Die Kinder müssen möglichst früh lernen, sich in der Welt zurechtzufinden. Sie müssen weltoffen werden.“ Caroline, die

Idyllisch zwischen Bäumen und Sträuchern liegt Schloss Thurnstein. 1689 wurde es errichtet, seine Geschichte reicht jedoch bis 1240 zurück.

Marie, die zweitälteteste Tochter, war daheim. Sie erzählt, dass sie einmal Familienpflegerin werden möchte. Nach der Realschule hat sie die Hauswirtschaftsschule absolviert und besucht nun eine Fachschule für Familienpflege in Würzburg. Bereits früh hat die Gräfin die soziale Ader ihrer Tochter erkannt und ihre Auslandsaufenthalte dementsprechend ausgewählt. Vier Wochen arbeitete Marie als Aupair-Mädchen bei einer Familie mit zwei Kindern in London. 1999 betreute sie bei einem Sommercamp des Malteser Ordens in Beirut (Libanon) behinderte Kinder. 2000 begleitete sie einen Kinder-Kranken-Zug nach Lourdes. Ihre Mutter: „Und zu Hause kümmert sie sich rührend um ihre Großmutter.“ 88 Jahre alt ist Maria Gräfin von Geldern-Egmont, die Mutter von Graf Otto von La Rosée. Sie bewohnt einen Seitenflügel des Schlosses. Ilona von La Rosée: „Die Kinder haben einen guten Kontakt zu ihrer Großmutter. Das Zusammenleben der Generationen ist wichtig und hat hier Tradition.“

Älteste, ist auf dem besten Weg dazu. In Passau studiert sie Kulturwirtin mit Schwerpunkt Südamerika. Die elfte Gymnasialklasse verbrachte sie in einem Internat in England. „Westlich von London“, sagt die Gräfin.

Ilona von La Rosée kennt Großbritannien gut. Ihre Mutter stammte aus England. Ihr Vater, Dr. Rudolf Graf Strachwitz von Groß-Zauche und Camminetz, war Deutscher und Diplomat. Die Gräfin ist in Argentinien geboren, in Rom aufgewachsen. „Ich kann es nur begrüssen, wenn die Kinder Erfahrungen im Ausland sammeln.“ So wie Caroline. Ein halbes Jahr nach dem Abitur lebte sie in Chile. Die Gräfin: „Sie hat dort in einer Klosterschule für Landkinder Englisch unterrichtet und war einfach Mädchen für alles.“ An diesem Nachmittag war Caroline nicht zu Hause.

Jüngster Sproß im Hause La Rosée ist Philipp. Auch er hat die elfte Gymnasialklasse in einem englischen Internat verbracht. Und er erzählt, dass er sich an die Einheitskleidung, die in englischen Schulen üblich ist, schnell gewöhnt hat. „Am Anfang ist es schon ein wenig komisch, aber mit der Zeit dann doch recht praktisch. Da braucht man sich morgens wenigstens nicht zu überlegen, was man anziehen soll." Nach dem Abitur will er studieren. Wirtschaft oder Politik. Den Eltern wäre diese Berufswahl ganz recht. Nicht ohne Grund: Philipp soll einmal Schloss und Anwesen in Thurnstein übernehmen.

Die Gräfin serviert Kaffee. Marie hilft ihr dabei. Ansonsten geht der Gräfin eine Haushaltshilfe zur Hand. „Gott sei Dank habe ich vor ein paar Wochen eine echte Perle gefunden. Sie heißt Otti und hilft mir einfach überall." Wir sitzen im Turmzimmer. Neu renoviert ist es, wie auch ein angrenzender Salon: Eine Zentralheizung wurde installiert, Wände neu gestrichen, neue Vorhänge. Der Graf: „Wir haben mit der Innenrenovierung des Schlosses begonnen." Drei Jahre soll sie dauern – kein Wunder bei der Größe des Hauses. Wieviele Zimmer das 1689 errichtete Schloss hat, weiß das Grafen-Ehepaar nicht. „Wir haben sie noch nicht gezählt. Aber es gibt 98 Fenster", ergänzt die Gräfin, „denn so viele mussten wir erneuern."

Fast ein Drittel des Ostflügels nimmt die Schlosskirche ein. Für ihre Ausstattung wurden 1763 bedeutende Künstler berufen. Die Barock-Kirche steht jedermann offen. „Ein paarmal im Jahr wird sie auch für Hochzeiten genutzt", so der Graf. Zur Schlosskirche gehörte ein benachbartes Häuschen. Einst wohnten die Pfarrer darin, die die Schlosskirche betreuten. Später verbrachten pensionierte Geistliche dort ihren Lebensabend. Heute ist das Haus, ebenfalls nach einer grundlegenden Renovierung, „an eine Familie vermietet".

Grundlegend umgebaut wurde 1995 auch das denkmalgeschützte Schindelhaus, etwa 200 Meter südlich von Schloss Thurnstein – das Geburtshaus des bekannten Freiheitskämpfers Georg Sebastian Plinganser. Im Spanischen Erbfolgekrieg (1701–1714) war Plinganser

Das denkmalgeschützte Plinganserhaus wurde 1995 ebenfalls grundlegend umgebaut. Es befindet sich etwa 200 Meter südlich von Schloss Thurnstein. In diesem Schindelgebäude ist der bekannte Freiheitskämpfer Georg Sebastian Plinganser geboren.

Anführer der radikalen Kriegspartei gegen die Besatzungsmacht und stand an der Spitze seiner geschundenen Landsleute. Bis zum heutigen Tag ist Georg Sebastian Plinganser ein Idol für Vaterlandsliebe und Heimattreue geblieben. Otto Graf von La Rosée hat das Schindelhaus in Zusammenarbeit mit dem Amt für Denkmalpflege wieder in seinen ursprünglichen Zustand versetzen lassen. Seit fünf Jahren ist dieses Haus an zwei ältere Damen vermietet.

Ohne Zweifel, Otto Graf von La Rosée denkt wirtschaftlich. Nach dem Tode seines Vaters, Karl-Rudolf Graf von La Rosée im Jahre 1984, hat er, als eines von drei Kindern und

Im neu renovierten Salon des Schlosses trifft sich die Familie zum Nachmittagstee.

Daran fehlt es nicht. Philipp berichtet, dass er, wie auch seine beiden Schwestern, oft Freunde mit nach Hause bringt, die im Schloss übernachten. Die Eltern haben nichts dagegen. Der Graf: „Wir freuen uns, dass wir die Freunde unserer Kinder auf diese Art kennenlernen. Es waren auch schon oft Schüler im Rahmen eines Schüleraustausches zur Gast im Schloss.“

Bleibt bei der vielen Renovierungsarbeit für das Ehepaar überhaupt noch Zeit für Urlaub, Hobbys? Beide nicken. Die Gräfin: „Natürlich. Italien ist unser Lieblingsurlaubsland. Und auch nach Griechenland fahren wir gerne.“ Sie kann sich noch gut an ihre erste gemeinsame Reise dorthin erinnern. „Unsere Hochzeitsreise. Wir waren mit dem Rucksack unterwegs.“ Das war 1977.

einziger Sohn, das Anwesen übernommen und innerhalb kürzester Zeit sämtliche Gebäude rund ums Schloss grundlegend renoviert und vermietet. Was hätte der verstorbene Vater dazu gesagt? „Er wäre auf jeden Fall einverstanden gewesen“, meint der Graf, „alle meine Vorfahren haben immer neue Wege gesucht. Mein Vater hat es sogar einmal mit einer Hühnermast versucht. Und ich nutzte eben die denkmalgeschützten Gebäude als Wohnungen. Es gab nur zwei Möglichkeiten: entweder ich reisse die alten Gebäude ab oder ich richte sie wieder her. Ich habe mich für Letzteres entschieden und damit sicherlich im Sinne der Familientradition gehandelt. Was will ich denn hier mit Gebäuden, die leer stehen. Ich will doch hier keinen Kulturfriedhof. Und genauso schlimm ist es, wenn aus alten Schlössern und Burgen Sanatorien und Bildungshäuser gemacht werden. Das ist doch ein trauriges Schicksal. Tradition muss doch mit Leben erfüllt sein. Je mehr Leben, desto besser.“

Drei Jahre vorher hatten sie sich in München beim Studium kennen gelernt. Ilona von La Rosée ist Kunsthistorikerin – eigentlich überflüssig, sie nach ihrem Hobby zu fragen: Kunst. Natürlich. Von der Klassik bis zur Moderne, sagt sie. Und Literatur mag sie. Historische Biographien. Lieblingsschriftsteller hat sie aber keinen. In Pfarrkirchen und Postmünster ist

Karl-Rudolf Graf Basselet de la Rosée an seinem 70. Geburtstag mit zwei seiner Enkelkinder (l.): Raphael Freiherr von Lichtenstern und Caroline Gräfin von Basselet de la Rosée.

Maria Gräfin Basselet de la Rosée, eine geborene Gräfin von Geldern-Egmont.

sie Mitglied eines Lesekreises. „Da treffen wir uns regelmäßig und besprechen Bücher." Ein „Literarisches Quartett" also? Die Gräfin lacht: „Irgendwie schon. Aber unsere Sitzungen verlaufen harmonischer als die im Fernsehen. Bei uns gibt es auch keinen Marcel Reich-Ranicki."

Otto Graf La Rosée dagegen liebt die Jagd – wie die meisten Adeligen. Ein Stück Tradition, dokumentiert im Treppenhaus des Schlosses Thurnstein: Mindestens 30 Geweihe in unterschiedlichen Größen zieren die Wände. Der Graf weiß, dass das Jagen in der heutigen Zeit nicht unumstritten ist: „Es geht mir auch nicht ums Schiessen. Die Jagd ist ein Teil meiner Naturverbundenheit. Außerdem geniesse ich die Ruhe, wenn ich abends im Wald bin." Seit letztem Jahr leistet ihm dabei sein Sohn Philipp öfter Gesellschaft. Ehefrau Ilona teilt nämlich die Jagdleidenschaft nicht mit ihrem Mann. Philipp dagegen ist vollauf begeistert, hat schon mit 16 Jahren seinen Jagdschein gemacht.

Beim Spaziergang durch den „Englischen Garten" erzählt der Graf, dass sich der vier Hektar große Park bis in den Ort Postmünster (eine Gemeinde mit etwa 2200 Einwohnern) hinunterzieht. Im englischen Landschaftsstil ist er angelegt. Das heißt: Bäume, Sträucher und Blumen sind harmonisch in die Natur eingebunden. „Nicht so geometrisch wie in der Zeit des Barock", weiß der Graf. Und was weiß er von einem unterirdischen Gang, der vom Schloss aus ins Dorf führen soll? „Ich habe von der Legende gehört. Der Weg soll im Mittelalter wohl als Fluchtweg zu einem Schlösschen nach Reichenberg oberhalb von Pfarrkirchen geführt haben. Ehrlich gesagt, habe ich nach dem Geheimgang noch nicht gesucht. Ich glaube aber nicht, dass es ihn gibt. Jedenfalls wurde er in keinen Schriften über das Schloss erwähnt."

Karl-Rudolf Graf Basselet de la Rosée. Er starb 1984 im Alter von 73 Jahren.

Aber auch ohne Geheimgang sind der Graf und die Gräfin schnell im Dorf. Thurnstein liegt nur etwa einen Kilometer von Postmünster entfernt. Dort ist das Grafen-Ehepaar in vielen Vereinen vertreten. Und eine Periode lang war die Gräfin sogar im Gemeinderat. Der Graf will

Nur noch selten ist die ganze Familie auf Schloss Thurnstein vereint: Tochter Carolin (rechts) studiert in Passau, und ihre Schwester Marie besucht eine Fachschule für Familienpflege in Würzburg. Nur Philipp lebt noch zu Hause bei den Eltern. Er geht noch zur Schule.

dagegen kein politisches Amt bekleiden: „Es fehlt dafür an Zeit. Ich habe mit dem Schloss genug Arbeit." Politisch interessiert ist er natürlich trotzdem. Vor allem die Wiedervereinung und die Öffnung der Grenzen nach Osten haben ihn bewegt. „Es ist toll, dass wir den Fall des Eisernen Vorhanges erleben durften."

Seine Frau nickt. Wichtig ist ihr aber auch das soziale Engagement – verständlich für eine stellvertretende Diözesanoberin des Malteser Hilfsdienstes (MHD) in Passau. Seit 1998 bekleidet sie das Amt – ein verantwortungsvolles, wie sie sagt. Caritative Dienste leistet der MHD im In- und Ausland. Neuestes Vorhaben: Ein FSME-Impfprojekt in Lettland. Die Gräfin: „Dieses Land ist besonders von der Zeckengefahr bedroht. Mit Benefizveranstaltungen sammelt der MHD Geld, um dieses und ähnliche Projekte zu finanzieren. Auch in unserem Schloss fanden schon zwei Benefizkonzerte statt." Dieser caritativen Aufgabe beim Malteser Hilfsdienst möchte sie sich in Zukunft noch intensiver widmen. „Die Kinder sind groß und werden bald ihre eigenen Wege gehen. Da habe ich dann wieder mehr Zeit." Wie es aussieht, wird der Graf die nächsten Jahre weiter mit Renovierungsarbeiten beschäftigt sein. Aber das macht er auch gerne: „Da kann man sich auch verwirklichen." Nicht ohne Stolz blickt er auf den Schlosshof. Unser Spaziergang endet am schmiedeeisernen Tor, das, wie Graf von La Rosée versichert, niemals abgeschlossen ist.

Das Wappen der Familie La Rosée.

Stammbaum: Schloss Thurnstein

Die Anfänge der Burganlage Thurnstein gehen auf den Edlen Otto von Posomunster zurück, der um 1240 hier einen Turm errichtet und damit den Bau der Burg begonnen hatte. Fortgeführt wurde der Bau durch das Geschlecht der Siegenheimer. 1674 ging Thurnstein durch Kauf in den Besitz von Johann Ignatius Herr von Imbsland über und blieb mehrere Generationen im Besitz dieser Familie.

Die Imbsland waren ein seit Jahrhunderten in militärischen Diensten von Kaiser und Reich stehendes Adelsgeschlecht. So war es auch für dessen Sohn, Johann Sebastian, bayer. Hofrat, Hauptmann und Truchseß (Hof- und Hausverwalter) selbstverständlich, sich für seinen Kaiser an den Türkenkriegen und der Belagerung von Belgrad zu beteiligen. Für seine Verdienste wurde er von Kaiser Leopold in den Reichsfreiherrenstand erhoben. Ludwig Sebastian begann nach seiner Rückkehr aus den Türkenkriegen mit dem Umbau der alten Burg und dem Bau einer barocken Schlossanlage.

Nach der Familie der Imbsland kam die Hofmark Thrunstein in den Besitz der bekannten Familie der Grafen Goder, auf die die Gestaltung der Schlossanlage in ihrer heutigen Form zurückgeht. Johann Nepomuk Graf Goder widmete sich ab 1762 insbesondere dem glanzvollen Ausbau der Schlosskirche. Sie zeigt sich heute noch in der Originalausstattung der Barockzeit. Graf Goder hatte nebem seinem Kunstsinn eine sehr moderne soziale Einstellung. So errichtete er eine eigene Schule für die rund 30 Kinder der Umgebung, die er durch einen angestellten Eremiten unterrichten ließ.

Nach mehreren Besitzwechseln wurde der Besitz 1836 von dem Urgroßvater des heutigen Eigentümers, Ludwig Graf von Geldern-Egmont, gekauft. Er war aus dem Rheinland nach Bayern gezogen. Die Familie der Grafen von Geldern beginnt 1460 mit Reiner von Geldern, Statthalter von Geldern. Durch Heirat kam Thurnstein dann 1946 in die Familie der Grafen Basselet de La Rosée, einem ursprünglich aus Spanien stammenden Adelsgeschlecht.

Anton Freiherr von Cetto

Der Europäer auf Schloss Oberlauterbach

Einmal im Leben mit dem „Traumschiff" um die Welt reisen. Wer möchte das nicht? Anton Freiherr von Cetto aus Oberlauterbach bei Pfeffenhausen (Lkr. Landshut) hat sich diesen Traum erfüllt. Schon oft. Mit dem Luxusliner „MS Europa" kreuzte der Freiherr, der 1948 geboren ist, auf den Weltmeeren. In der Karibik war er. Im Nahen Osten, im Fernen Osten, Südafrika. Viel hat er gesehen. Noch mehr erlebt. „In Ghana zum Beispiel gab es nur Dreck, Dreck und nochmals Dreck. Ich war entsetzt. Dafür war ich von Namibia völlig überrascht. Es ist erstaunlich, was die Leute dort aus ihrem Land gemacht haben." Die Kanarischen Inseln aber findet er am schönsten, Fuerteventura und Teneriffa toll. „Dort gibt es Spitzenhotels, in denen auch das Preis-Leistungsverhältnis stimmt. Die verstehen etwas von Gastronomie. Außerdem ist die Landschaft herrlich", schwärmt der Weltenbummler. Zwei bis drei Wochen im Jahr schnuppert der studierte Forst- und Landwirt Seeluft, sofern ihm die Verwaltung seines Gutshofes Zeit lässt. 230 Hektar Forst besitzt er. 84 Hektar landwirtschaftliche Nutzfläche. Und ein Schloss mit Park und Teich. Insgesamt fünf Hektar groß.

Wir spazieren an einem herbstlich kühlen, aber sonnigen Samstagvormittag durch die Schlossallee: Buchen, Eichen und Kastanien. Die gelb-orange gefärbten Blätter bedecken den Gehweg. Sonnenstrahlen blitzen durch die Bäume. Im Teich spiegelt sich das Schloss – ein prächtiger Bau. Italienischer Stil. 13. Jahrhundert. Doch die Idylle trügt. Seit 1970 ist das Gebäude in Quadratform mit seinen vier Zwiebeltürmen, dem Innen- und Lichthof und den Arkaden, die so charakteristisch sind für den italienischen Bausstil, nicht mehr bewohnt – besser gesagt, nicht mehr bewohnbar. Es regnete durchs Dach. Die Fenster waren

Der Herr auf Schloss Oberlauterbach: Anton Freiherr von Cetto. 5,3 Millionen Mark will er investieren, um das marode Schloss wieder in neuem Glanz erscheinen zu lassen.

undicht. Anton von Cetto und seine Mutter Rosemarie, eine geborene von Süsskind aus Mittelfranken, mussten in ein Wohnhaus nahe dem Schloss ausweichen. Ohne Vater. Anton Freiherr von Cetto, Diplom-Landwirt, war bereits 1963 gestorben.

Über 30 Jahre sind seither ins Land gezogen. Die Mutter ist inzwischen tot. 1989 gestorben. Anton von Cetto, einziger Sohn von insgesamt drei Kindern, längst Herr auf

Schloss Oberlauterbach. Nur eines ist geblieben, wie es war: der Zustand des Schlosses. „Das wird sich aber bald ändern“, versichert der Freiherr, der in seiner Heimat „Herr Baron“ genannt wird. So bald wie möglich möchte er mit der Erneuerung des maroden Hauses beginnen. 5,3 Millionen Mark will er investieren, sobald die Zuschüsse für denkmalgeschützte Gebäude vom Wissenschaftsministerium genehmigt sind, die Finanzierung endgültig gesichert ist. Dass ihm angesichts der bevorstehenden Restaurierung ein bisschen mulmig ist, will Anton von Cetto nicht abstreiten. „Das muss schon gut überlegt sein, sonst ist man schnell ruiniert. Aber ich riskiere es.“ Diese Entscheidung wird auch einen großen Teil der 4500 Einwohner von Pfeffenhausen freuen. Der Baron: „Vor allem im Wirtshaus sprechen mich die Leute oft an: „Herr Baron, wann richten's denn jetzt endlich Ihr Schloss her. Zeit wird's.“

Ein bisschen werden sich die Pfeffenhausener aber schon noch gedulden müssen. Denn voraussichtlich zehn Jahre soll der Umbau des Schlosses in ein Mietshaus mit fünf Wohnungen dauern. In neuem Glanz werden dann die

Schloss Oberlauterbach war einst ein prächtiger Bau im italienischen Stil aus dem 13. Jahrhundert. Seit 1970 ist das Gebäude in Quadratform mit seinen vier Zwiebeltürmen nicht mehr bewohnt.

1992: Anton Freiherr von Cetto (Mitte) beim Bundeskongress der Europa-Union Deutschland im Europäischen Parlament in Straßburg.

Rokoko-Schlosskapelle, die musealen Räume sowie die Zimmer mit Holzdecken und Verzierungen aus Goldornamenten wieder erstrahlen. Für private Zwecke will der Baron das Gebäude nicht mehr nutzen. „Für mich alleine reicht das Wohnhaus voll und ganz."

Anton von Cetto ist ledig und schätzt seine Unabhängigkeit, wie er sagt. „Ich kann tun und lassen, was ich will und brauche niemanden zu fragen. Ich kann solange Urlaub machen, wie es mir gefällt. Auf mich wartet ja niemand", meint er und lacht ein wenig. Vorteile eines Singledaseins, keine Frage. Aber was ist mit dem Alleinsein im Alter? Hat er Angst davor? Ein klares „Nein." Ebensowenig fürchten er und seine Haushälterin sich vor Einbrechern. „Mein Haus ist mit einer Alarmanlage gut gesichert." Und selbst der Gedanke, einmal ohne einen leiblichen Erben sterben zu müssen, bereitet ihm kein Kopfzerbrechen: „Nach meinem Tode wird hier alles reibungslos weitergehen. Das ist längst geregelt."

Noch ist aber nicht aller Tage Abend: Schließlich ist der Baron in den besten Jahren. Da kann ihm die große Liebe immer noch über den Weg laufen. Vielleicht sogar auf einem „Traumschiff"? In der gleichnamigen Fernsehserie jedenfalls finden in jeder Folge mindestens zwei einsame Herzen zueinander. „Möglich ist alles", kommentiert der Baron und lacht, „aber ehrlich gesagt, gefällt mir das Junggesellen-Leben ganz gut. Außerdem bin ich nicht oft alleine, weil viel unterwegs."

Unterwegs in Sachen Politik. Anton Freiherr von Cetto ist mit Leib und Seele Politiker. Seit fast 30 Jahren gehört er der CSU an. Fast genau so lange ist er Mitglied der Europa-Union im Kreisverband Landshut, seit 1978 Gründungsmitglied des Bezirksverbandes der Europa-Union Niederbayern und stellvertretender Bezirksvorsitzender, seit 1979

Haben sich auf dem Kreuzer „MS Europa" gut unterhalten (v. l.): Kapitän Helmut Raasch, Anton Freiherr von Cetto und Generalkonsul Hans Hoffmann.

Kreisvorsitzender der Europa-Union Landshut, seit 1983 Mitglied des EU-Landesvorstandes, seit 1989 CSU-Ortsvorsitzender in Pfeffenhausen, seit 1992 stellvertretender Vorsitzender des Hauptausschusses der Europa-Union Deutschland, von 1984 bis 1990 Mitglied des Kreistages Landshut, von 1978 bis 1996 und seit Februar 2000 Mitglied des Marktgemeinderates Pfeffenhausen.

Vor allem das Vereinte Europa liegt dem Baron am Herzen. Ein Sitz im Europäischen Parlament. Sein Herzenswunsch. Seit 1979 kandidiert er dafür. Bisher ohne Erfolg. „Ich stand auf der Kandidatenliste einfach zu weit hinten. Das soll sich aber bei den nächsten Wahlen 2004 ändern", hofft er. Er wirkt ein wenig verärgert. „Es kann nicht sein, dass mir die Partei unterm Jahr immer wieder auf die Schulter klopft und meine Arbeit lobt. Aber sobald es um Wahlen geht, bin ich plötzlich nicht mehr gefragt."

Zur Europäischen Union gehört für den Baron in jedem Fall Osteuropa. „Natürlich darf die Eingliederung der einzelnen Länder in die EU nicht auf einen Schlag geschehen. Slowenien, Ungarn und Lettland sind wirtschaftlich am weitesten vorangeschritten und werden vermutlich die nächsten sein, die in die EU aufgenommen werden." Insgesamt fürchtet er wirtschaftlich einen weit härteren Konkurrenzkampf unter den Ländern. Und er fürchtet einen zunehmenden „Jugendwahn" in der Gesellschaft von morgen. „Es zeichnet sich doch schon heute ab, dass die Leute über 50 nichts mehr zählen. Weder im Arbeitsleben noch in der Politik. Erfahrung und Weitblick der älteren Generation sind über kurz oder lang nicht mehr gefragt. Die „Grufties" gehören weg, heißt es doch schon jetzt. Diese Entwicklung ist einfach unmöglich!"

So richtig in Fahrt, bekommt gleich auch noch die katholische Kirche ihr Fett weg. Die Durchführung der Liturgie stört ihn: So findet er das Abschaffen der Lateinischen Sprache

Rosemarie Freifrau von Cetto, eine geborene Freein von Süsskind. Die Mutter von Anton von Cetto starb 1989 im Alter von 76 Jahren.

nicht in Ordnung. „Die Messen in lateinischer Sprache waren viel feierlicher, und man konnte sich einfach besser konzentrieren." Das Argument, die Liturgie in deutscher Sprache sei für alle Kirchgänger doch verständlicher, lässt er nicht gelten: „In den Gebetbüchern steht es doch in deutsch und lateinisch. Da kann jeder mitlesen." Ebenso vermisst er bei den Geistlichen das Tragen von goldbrokaten Messgewändern. „Diese prunkvoll bestickten Kleider waren doch so feierlich.

Und sie waren ein Stück Kultur. Gerade die katholische Kirche prägte die Kultur auf dem Lande besonders stark. Mit Einführung der Einheitskutten ist dieses kulturelle Niveau gesunken. Das ist doch schade."

Gratulationscour anlässlich des 90. Geburtstages von Maximilian Freiherr von Cetto (l.). Er war königlich bayerischer Kämmerer. Der Großvater von Anton von Cetto starb 1961 im Alter von 92 Jahren.

Auch die Laienarbeit in der Kirche beurteilt er skeptisch. „In Rom hat noch nie ein Laie die Lesung gehalten. In der Messe darf nur der Geistliche fungieren, weil der die Weihen besitzt." Gerade mit Letzterem liegt der Baron durchaus auf der Linie von Papst Johannes Paul II. Ihn bewundert der Baron, weil er zum Zusammenbruch des Kommunismus im Osten erheblich beigetragen hat. Zur Reisebegeisterung des Papstes: „Früher waren die Päpste sozusagen hinter den Mauern des Vatikan eingesperrt und mussten Entscheidungen für die Menschen in Ländern treffen, von denen sie gar keine Ahnung gehabt haben. Johannes Paul II. macht das Gott sei Dank anders." Hochachtung empfindet er ebenfalls für Julius Kardinal Döpfner, der von 1961 bis 1976 Erzbischof der Diözese München-Freising war sowie Vorsitzender der Deutschen Bischofskonferenz. Der Baron über ihn: „Er hat nicht nur das kirchliche Management bestens beherrscht, sondern auch Brücken von der Kirche zur Politik geschlagen."

Von der großen Amtskirche zu einer kleinen Kapelle: Bei einem Ausflug in seinem Cadillac, grau-grün-metallic-farben, Baujahr 1995, in die Gegend um Oberlauterbach stoppt der Baron bei der „Pestkapelle". Ihr Zustand marode – ähnlich wie das Schloss. Die Kapelle gehört dem Baron. „1656 brach hier im Ort die Pest aus. Nur ein Mensch ist der Krankheit entkommen. So sagt es zumindest die Legende. Und dieser Mensch soll dann zum Dank diese Kapelle erbaut haben. Ich will sie auch wieder herrichten." Weiter geht die Fahrt vorbei an Wiesen und Feldern – das „Reich" des Barons. Seit 1984 ist es verpachtet. „Das nehmen mir manche Leute übel, weil ich doch ein Land- und Forstwirt bin. Alleine die Verwaltung des Gutes hier und meines Forstbetriebes in Billigheim im Kreis Neckar-Odenwald lastet mich aber ohnehin voll aus."

Seine übrige freie Zeit gehört dann der Musik. Auf der Fahrt zurück zum Schloss erzählt Anton von Cetto, dass er die Klassik liebt. Und die Salzburger Festspiele. Seit 25 Jahren ist er dort Gast, hat die berühmten Dirigenten Karl

Böhm und Herbert von Karajan noch erlebt. „Die waren einfach großartig."

Autos sind eine weitere Leidenschaft des Barons. „Seit 1949 wurde in unserem Hause ununterbrochen ein Opel gefahren." Vor fünf Jahren ist der Baron jedoch auf einen Cadillac umgestiegen. „Von der Leistung her hat er mir besser zugesagt. Ich fahre schließlich über 30 000 Kilometer im Jahr mit dem Auto." In dem Kauf des „amerikanischen Schlittens" sieht er keineswegs einen Bruch der Familien-Tradition. „Der Cadillac gehört ja zu General Motors wie Opel." Eine lange Tradition hat auch der Schlossfriedhof. Nur wenige Meter vom Schloss entfernt. Seit 1845 wurden dort die Vorfahren des Barons begraben. Anton von Cetto besucht ihn regelmäßig. Natürlich haben dort auch seine Eltern ihre letzte Ruhe gefunden.

Anton Freiherr von Cetto, Diplom-Landwirt und Ehrenbürger der Gemeinde Oberlauterbach. Der Vater von Anton von Cetto starb 1963 im Alter von 62 Jahren.

Am Schloss angekommen, ist es bereits früher Nachmittag geworden. Ein kalter Wind weht. Im Schlosshof zieht es. Der Baron zeigt auf bereits renovierte Verwaltungs- und Wirtschaftsgebäude und meint fast rechtfertigend: „Ich habe in den letzten Jahren schon einiges gemacht. So ist es nicht." Ein Stück harte Arbeit hat er freilich erst noch vor sich. Doch bevor's richtig los geht, will der Baron noch einmal in See stechen. Die Arabische Welt will er erkunden. Mit der „MS Europa". Warum eigentlich immer per Schiff? „Na ja, immer auch nicht. Ich bin heuer auch mit dem Bus schon in Bibione gewesen. Da bin ich eigentlich nicht so wählerisch. Bei den Schiffreisen brauche ich halt den Koffer nur ein einziges Mal auszupacken. Das finde ich überaus praktisch. Und die Atmosphäre auf so einem Luxuskreuzer ist schon toll."

Auf die Frage, ob er Angst vorm Untergehen habe, winkt er ab. Er habe zwar schon stürmische Tage auf dem Wasser erlebt, aber das halte ihn von den Reisen keineswegs ab. Die Ostsee und das Schwarze Meer kennt er noch nicht. Die möchte er auf jeden Fall noch kennenlernen. Selbstverständlich wieder mit einem „Traumschiff".

Das Wappen der Familie von Cetto aus Oberlauterbach.

Stammbaum: Schloss Oberlauterbach

1272 erbaute Ritter Ebran von Lauterbach Schloss Oberlauterbach. Im Jahre 1392 übernahmen das Geschlecht der Leutenpeckh von Lauterbach das Schloss. Diese Adelsfamilie stammte aus Leitenbach an der Abends. Nach dem Tode Leonards, des letzten Lautenbachers, kam das Schloss 1527 an die Familie Pusch. Georg und Ulrich Busch erwarben 1557 von ihrem Vetter Wolf Pusch zu Vilsheim Oberlauterbach.

1580 verkaufte Dorothea Busch Oberlauterbach an die Viehhauser. Durch Vermählung einer Viehhauser-Tochter kam Oberlauterbach 1597 in die Händer des Adelgeschlechtes Gazzoldo. Die Viehhauser-Tochter, deren erster Mann noch im selben Jahr starb, heiratete 1601 einen Grafen von Portia. Oberlauterbach war damit in den Händen der Grafen und Fürsten von Portia gelangt. Im Schwedenkrieg wurde ein Teil des Schlosses 1632 durch Herzog Bernhard von Sachsen-Weimar zerstört. Graf Max von Portia baute das Schloss 1663 wieder auf. Bis zum Jahre 1845 war Oberlauterbach im Besitze der Grafen von Portia.

Im selben Jahr heiratete Gräfin Amalie von Portia Max Freiherr von Cetto, den Sohn des Staatsrates Anton Freiherr von Cetto aus Zweibrücken. Der Staatsrat hatte von 1801 bis 1813 das Königreich Bayern, unter König Max I. Joseph, als Botschafter in Paris vertreten.

Von 1867 bis 1893 war das Schloss im Besitze von Wilhelm Freiherr von Cetto, dem Gründer der Schützengesellschaft in Oberlauterbach. Er war in erster Ehe mit Henriette Gräfin von Helmstatt aus Neckarbischofsheim/Baden verheiratet; in zweiter Ehe mit Bertha von Schilcher aus Dietramszell.

Maximilian Freiherr von Cetto, der Großvater des jetzigen Besitzers, war von 1893 bis 1945 Eigentümer auf Schloss Oberlauterbach. Er war mit Mechthildis, Gräfin zu Leiningen-Billigheim/Baden, verheiratet. Anton Freiherr von Cetto, der Vater des jetzigen Besitzers, führte das Gut Oberlauterbach von 1945 bis 1963. Er war mit Rosemarie Frein von Süsskind aus Dennenlohe/Mittelfranken verheiratet. Anton Freiherr von Cetto ist seit 1963 Herr auf Schloss Oberlauterbach.

Weitere Vorfahren: Anton Freiherr von Cetto (1756–1847) war königlich bayerischer Staatsrath, wirklicher Geheimrath und Träger des Großkreuzes des civilen Verdienstordens der Bayerischen Krone. Verheiratet war er mit Anna Maria Freifrau von Cetto, geb. Freiin von Zweibrücken (1785 –1857).

Dietrich Freiherr von Gumppenberg in Bayerbach

Der Kommunikator auf Schloss Peuerbach

Ob Weiße Frau, Graue Gestalt oder Schwarzer Ritter – in fast allen Schlössern sind solche oder ähnliche Geister zu Hause. So wissen es zumindest Sagen. Sein Schlossgespenst richtig vorzeigen kann aber wohl nur ein Schlossherr: Dietrich Freiherr von Gumppenberg auf Schloss Peuerbach in Bayerbach. Richtig unheimlich wirkt das Wesen allerdings nicht: einen halben Meter groß, weiß, aus Gips. Es sieht aus wie ein steifes Leintuch, in das Löcher für Augen und Mund geschnitten sind. Ein Geschenk für den Baron, der 1942 geboren ist. „Da hatte wirklich jemand mal eine tolle Idee. Ich habe mich wahnsinnig darüber gefreut", erzählt der Volkswirt an diesem nebligen Vormittag in der Bibliothek seines Schlosses, 30 Kilometer nordwestlich von Landshut. Es ist sein Lieblingszimmer, bestückt mit 2000 antiken Büchern und der ältesten, in Leder gebundenen, Enzyklopädie der Welt aus dem Jahre 1778.

Der Herr auf Schloss Peuerbach in Bayerbach: Dietrich Freiherr von Gumppenberg.

Das Besondere, das Extravagante, dafür hat Dietrich von Gumppenberg eine Vorliebe. Das gilt für seine Arbeit wie für sein Zuhause. Der Freiherr ist Inhaber einer Werbefirma in München. Insgesamt 60 Mitarbeiter, mit Firmensitzen in Berlin, Potsdam und Budapest. Kommunikationsberatung ist sein Metier. Seit 20 Jahren. „Ich habe mich schon damals auf die Kommunikations- und Krisenberatung von Firmen konzentriert. Damals, als die meisten unter Kommunikation- und Öffentlichkeitsarbeit ausschließlich Pressearbeit verstanden haben." Zu seiner Kundschaft zählten und zählen namhafte Unternehmen aus dem In- und Ausland: Karstadt, Continental, Grundig, die Premier Automative Group des heutigen Ford-Spitzenmanagers und Ex-BMW-Vorstandsmitglieds Wolfgang Reitzle, Smith Kline Beecham.

Gumppenberg berät die Unternehmen, etwa wie sie die Bekanntheit ihrer Marken erhöhen, die Fähigkeiten ihrer Führungskräfte optimal in Betrieb und Öffentlichkeit präsentieren oder innerbetriebliche Spannungen abbauen können. „Dabei habe ich die Erfahrung gemacht, dass es für Firmen in Krisensituationen immer besser ist, sich kompetente Hilfe von außen zu holen. Es entsteht eine andere Autoritäts-Situation und bessere Wirkung."

Die Geschäfts-Philosophie von Dietrich von Gumppenberg ist offenbar erfolgreich. Im Laufe von 20 Jahren hat er, wie er sagt, ein florierendes Unternehmen aufgebaut. „Mit nur einem Auftrag habe ich angefangen. Und einer

„Ich bin halt so erzogen worden. Mein Vater hat immer gesagt, man darf nur das Geld ausgeben, das man verdient hat. Ich bin mit diesem Grundsatz gut gefahren und werde mich weiterhin daran halten."

Romantisch gelegen ist Schloss Peuerbach, 30 Kilometer nordwestlich von Landshut. Dietrich von Gumppenberg bewohnt dort 37 Zimmer. In jahrelanger Arbeit hat er das Schloss nach eigenen Vorstellungen grundlegend renoviert.

Halbtagssekretärin." Drei Jahre lang hat Gumppenberg die Agentur so über Wasser gehalten. „Aber ich habe nie auch nur eine Mark fremdes Geld für die Firma aufgenommen." Darauf ist er stolz – auch wenn sein Steuerberater dieses konservative Denken in steuerlicher Hinsicht verurteilt.

Auch in privaten Belangen. Und was das Schloss betrifft. Ein 37-Zimmer-Bau aus dem 12. Jahrhundert. Seit dem Tode seiner Mutter 1979 ist er, als eines von insgesamt fünf Kindern, Herr auf Schloss Peuerbach. Der Zustand des alten Gebäudes ist sehr gut, der größte Teil der

Innenrenovierung bereits abgeschlossen und ausschließlich mit privaten Mitteln finanziert. „Da brauche ich mich wenigstens nicht an Auflagen halten und kann das Haus ganz nach meinen Vorstellungen herrichten."

Die sind eigenwillig, ohne Zweifel: Hellblaue Wände zu rosaroten Fliesen, türkisfarbene Türen. Mut zur Farbe besitzt er in der Tat. „Ich mag es farbenfroh. Das entspricht meiner Lebenseinstellung." Und die sei positiv und habe ihm schon über so manchen Schicksalsschlag hinweggeholfen. Dabei denkt er an den Tod seines langjährigen Freundes Gerhard Neumüller. Der umstrittene Geschäftsführer des Zweckverbandes Abfallwirtschaft Donau-Wald war im Januar 1999 unmittelbar nach einem Besuch in seinem Schloss bei einem Verkehrsunfall in der Nähe von Bayerbach ums Leben gekommen. „Ich war der letzte Mensch, der ihn noch lebend gesehen hat. Sein Tod hat mich schwer getroffen."

Neumüller war mit hoher Geschwindigkeit in einen Lkw gerast. Spekulationen über einen möglichen Selbstmord sind bis heute nicht verstummt. „Ich glaube nicht an einen Selbstmord." Neumüller war in die Müll-Betrugsaffäre verwickelt. Der Staatsanwalt ermittelte gegen ihn. Gumppenberg weiter über seinen Freund: „Er war ein seriöser und gewiefter Geschäftsmann, hat aber ganz sicher nicht gegen Gesetze verstoßen."

Als schmerzlichen Einschnitt bezeichnet Dietrich von Gumppenberg auch die Trennung von seiner Frau Christina 1987. Sie lebt heute in München. Er alleine im Schloss. „Wir haben immer noch ein sehr freundschaftliches Verhältnis zueinander." Auch mit seinen Söhnen kommt er blendend aus. Maximilian (1984 geboren) besucht ein englisches Internat. Gregor (1976 geboren) absolviert eine Lehre als Werbekaufmann in der väterlichen Firma. „Es wird sich zeigen, wer einmal das Schloss und den etwa zwei Hektar großen Schlosspark sowie das Unternehmen übernehmen wird." Noch sitzt der Vater ohnehin fest im Sattel – und ist gefragt: Alle paar Minuten klingelt das Handy. Mitarbeiter, Kunden, Freunde.

Rührig und geschäftig mag es der Baron. Das gibt er zu. „Ich arbeite sehr gerne. Ich liebe diesen Beruf, auch wenn ich viel unterwegs bin." 212 Mal saß er beispielsweise im Jahre 2000 im Flieger. Daheim in Bayerbach sucht er dann Ruhe. Jeden Tag fährt er von München nach Hause ins Schloss. Er weiß zwar die Vorteile einer Großstadt wie das kulturelle Angebot durchaus zu schätzen, eine feste Wohnung in Bayerns Haupstadt wollte er sich aber nie nehmen. „Im Grunde bin ich ein Landmensch. Ich mag die Landschaft hier und die Leute." Ein zünftiger Schafkopf am Stammtisch im Bayerbacher Wirtshaus – für den Baron gibt es nichts Schöneres. Oder Angeln in heimischen Bächen. „Etepetete-Veranstaltungen" sind nicht sein Fall. Und alles, was künstlich aufgebauscht ist und auch so wirkt. „Da fühl' ich mich nicht wohl. Ich bin ein legerer Mensch, der lieber Cordhosen und Trachtenjanker als maßgeschneiderte Anzüge trägt. Und in ein enges Schema lasse ich mich schon gar nicht pressen." Darum verbringt er seine wenige freie Zeit auch mit Menschen, „die die gleiche Wellenlänge haben, wo einfach die Chemie stimmt", wie er sagt. Die lädt er zu sich ins Schloss. Oft. Längst zur Tradition geworden ist der „Adventspunsch" in seinem Hause. Bekannte und Freunde treffen sich seit fast zwei Jahrzehnten am zweiten Adventsonntag in Bayerbach bei Punsch, Christstollen und Kerzenschein zu einem gemütlichen Ratsch. In bunt gemischter Runde. Darauf legt der Baron wert. „Meine Gäste kommen aus allen Schichten. Und alle haben sie sich, glaube ich, immer noch gut unterhalten."

Miteinander reden – für Dietrich von Gumppenberg mit das Wichtigste und Schönste im Leben. Der Baron fürchtet jedoch diesbezüglich einen Wandel in der Gesellschaft:

„Die Leute werden in Zukunft noch weit intensiver als es jetzt schon der Fall ist per Computer und Internet verkehren. Kommunikation findet dann überwiegend virtuell statt. Die reale Kommunikation kommt zu kurz." Der Kommunikator tröstet sich: „Aber natürlich wird es neben der virtuellen Welt immer eine reale Welt geben. Man kann sich zwar zum Beispiel übers Internet einen Partner suchen und auch mit ihm Kontakt aufnehmen. Um eine dauerhafte Freundschaft entwickeln zu können, muss man sich aber irgendwann einmal auch richtig kennenlernen."

Das Lieblingszimmer von Dietrich Freiherr von Gumppenberg ist die Schlossbibliothek. Etwa 2000 antike Bücher darf der Baron sein eigen nennen und die älteste in Leder gebundene Enzyklopädie der Welt aus dem Jahre 1778.

Freunde sind dem Baron wichtig. Nur wenige, sagte er, zählt er dazu. Einer ist der frühere FDP-Vorsitzende Otto Graf Lambsdorff. Im Bücherregal steht ein gerahmtes Bild von ihm mit persönlicher Widmung. „Ich schätze ihn als Menschen sehr. Er ist mir ein väterlicher Freund und Taufpate meines zweiten Sohnes." Dietrich von Gumppenberg ist lange Mitglied der FDP. Er war von 1994 bis 1998 Bezirksvorsitzender der niederbayerischen FDP und von 1990 bis 1994 Landtagsabgeordneter. 15 Mal hat er in Bayerbach den „Politischen Aschermittwoch" mitorganisiert und politische Größen wie den früheren Außenminister, Partei-Vorsitzenden der FDP und „guten Freund" Hans-Dietrich Genscher in das niederbayerische Dorf geholt.

„Das war eine lange Zeit. Und irgendwann einmal muss man halt aufhören." Seit 1998 findet der „Politische Aschermittwoch" der FDP in Passau statt. Die Zukunft seiner Partei sieht er nicht unproblematisch. Den FDP-Generalsekretär Guido Westerwelle hält er für „zu angepasst, für zu durchsichtig", seinen Auftritt im Big-Brother-Container kommentiert er diplomatisch: „Es gibt unterschiedliche Formen, sich dem Wähler zu präsentieren. Ob diese Form eine zwingend Notwendige ist, ist in Frage zu stellen."

Ein Blatt vor den Mund nehmen, das war ansonsten Dietrich Freiherr von Gumppenbergs Sache noch nie, weder als Aufsichtsratsmitglied unter anderem bei Grundig oder als langjähriges Beiratsmitglied beim FC Bayern München. Dass er sich mit seiner offenen und direkten Art natürlich nicht immer Freunde schafft, weiß er. Es stört ihn nicht. „Vor allem in der Politik hat meine Art vielen nicht gepasst. Ich wäre aber froh, wenn mehr Politiker offener sprechen würden. Denn Politik muss man mit Seele und Verstand machen und mit Verantwortungsbewusstsein und nicht um der politischen Karierre willen. Als Politiker muss man begreifen, dass man Politik für anvertraute Menschen macht und nicht für einen selber." Er selbst habe schon lange keine politischen Abitionen mehr – „die Zeiten sind vorbei".

Da widmet er sich lieber angenehmeren Dingen. Er reist gerne. Nach Capri zum Beispiel. Die italienische Sprache mag er nicht nur, sondern beherrscht sie perfekt, ebenso wie Englisch und Französisch. Letztere hat er studiert, nachdem er sich bereits während seiner Schulzeit in Camebridge/England und Lousanne/Schweiz beste Sprachkenntnisse erworben hatte.

Mittlerweile ist es Mittag geworden. Der Baron hat zum Essen eingeladen. Wir sitzen im Speisezimmer. In einem kräftigen Rosa sind die Wände gehalten. Auffällig, aber passend zu den antiken und eleganten Möbeln. Es gibt gebratene Gans. Dazu Knödel und Weißkraut. Anneliese, die „Perle" des Hauses, hat gekocht. Vorzüglich. Stundenweise führt sie dem Baron den Haushalt, kümmert sich um das Schloss. Während des Essens läuft im Hintergrund leise Musik. Deutschsprachige Lieder. Reinhard Mey und Rainhard Fendrich. „Schlager gefallen mir." Und klassische Musik sowieso. Mozart, Bach.

Dietrich von Gumppenberg ist ein flexibler Mensch. Und frei will er sein. „Grenzenlos frei, nicht nur über den Wolken", sagt er, und meint damit die Freiheit der Entscheidung – ein Grundelement des christlichen Glaubens. Darum bezeichnet er sich auch als gläubigen Menschen. Mit der katholischen Kirche jedoch hat er seine Probleme. „Die Kirche schränkt diese grenzenlose Freiheit ein." Das Zölibat und das Verbot der Empfängnisverhütung in den Ländern der Dritten Welt kann er nicht nachvollziehen, die einschlägigen Entscheidungen des Papstes nicht akzeptieren.

Dafür bewundert er Albert Schweitzer. Das Engagement des elsässischen evangelischen Theologen, Kulturphilosophen und Musikwissenschaftler beeindruckt ihn. Schweitzer war zuerst Theologe und Organist in Straßburg, dann Arzt und Gründer eines Spitals in Afrika. Darüber hinaus befasste er sich mit der Leben-Jesu-Forschung. Eines seiner berühmtesten Werke lautet „Vom Sinn des Lebens". 1952 erhielt Albert Schweitzer den Friedensnobelpreis. Gumppenberg: „Er ist nach wie vor ein Vorbild für uns." Wen schätzt er noch? Gumppenberg nennt spontan CSU-Landtagsfraktions-Chef Alois Glück. „Er besitzt Werte, die heutzutage immer seltener zu finden sind: Verlässlichkeit, Loyalität, Seriosität, Ehrlichkeit. Und dass jemand zu seiner Meinung steht." Tugenden, die der Baron auch für sich gerne in Anspruch nimmt.

Für die Zukunft wünscht sich Dietrich von Gumppenberg nur eines: Glücklich will er sein. Freude am Leben haben. Und sich weiterhin freuen können. Ob an seinem neuen Porsche-Carrerra, seinem 16 Jahre alten VW-Käfer-Kabriolett oder einfach nur am Schlossgeist aus Gips.

Stammbaum: Schloss Peuerbach in Bayerbach

Die Stammväter der Familie Gumppenberg sind unter den Ministerialien der mächtigen Markgrafen von Vohburg zu suchen – und nach Aussterben dieses Grafengeschlechtes Anfang des 13. Jahrhunderts unter den Ministerialien der Herzöge von Bayern aus dem Stamme der Wittelsbacher, an die die Vohburgischen Besitzungen gegangen waren. Mit „Hiltprandus de Gumppenberg" wird im Jahre 1280 der erste Gumppenberg urkundlich erwähnt.

Die Grundmauern von Schloss Peuerbach stammen aus

Dietrich von Gumppenberg liebt das Außergewöhnliche wie diesen Schlossgeist aus Gips – ein Geschenk.

dem Mittelalter; der älteste Teil, eine kleine Kapelle, aus dem 12. Jahrhundert. Generationen haben an dem Schloss gebaut. Eine Ahnengalerie im Schloss dokumentiert die Familienhistorie. Erwähnenswert sind: Leopold von Gumppenberg, ein Urahne des heutigen Besitzers. Er brachte im Dreißigjährigen Krieg sakrale Gegenstände vor heranrückenden Schweden in Sicherheit – die Kirche sprach ihn dafür selig, die Schweden hatten ihn dafür gevierteilt.

Anton von Gumppenberg, ein weiterer Urnahne, war Kriegsminister und persönlicher Flügeladjudant unter dem Bayernkönig Ludwig I.

Hubertus Freiherr von Gumppenberg (1855–1932), der Großvater des heutigen Schlossherrn, war der letzte königlich-bayerische Regierungspräsident.

Der Vater des heutigen Schlossherrn, Hans-Karl, starb 1962. Seine Frau Therese und Mutter des heutigen Schlossherrn starb 1979.

Danach übernahm Dietrich von Gumppenberg Schloss Peuerbach in Bayerbach.

Karl Benedikt Freiherr von Moreau und seine Familie

Das Kulturparadies auf Schloss Kleeberg

Theodor Fontane, Deutschlands berühmter Dichter, hat einmal gesagt: „Es kommt darauf an, dass, wie und wo man marschiert, man allerorts die Musik des Lebens hört." Karl Benedikt Freiherr von Moreau und seine Frau Nicoline wohnen auf Schloss Kleeberg bei Ruhstorf. Er, 1959 geboren, ist Mediziner und hat dazu Philosophie studiert; sie, ein Jahr jünger als ihr Mann, Germanistik, Kunstgeschichte und ebenfalls Philosophie. Das Philosophieren und die Kunst hat sie zusammengebracht. Seit 1993 leben sie in dem Rottaler Weiler mit ihren drei Kindern. Und sie versuchen, die Musik des Lebens zu hören. „Fang' mich, fang mich", ruft Ann-Sophie (1991 geboren) ihrem Bruder Karl-Nepomuk zu. Der sechs Jahre jüngere Bruder saust hinter seiner Schwester her. Vorbei am barocken Marien-Brunnen im Innenhof des Schlosses, entlang den Arkaden am Nebengebäude, quer über den Schlosspark. Er wird verfolgt. Von Johannes, 1998 geboren. Mit mässigem Erfolg. Während die zwei „großen" Geschwister bereits auf dem Marien-Brunnen in trauter Zweisamkeit sitzen und ihre Beine herunterbaumeln lassen, bereitet Johannes das Kurveneinschlagen in Richtung Park größte Schwierigkeiten. „Der Schlosshof ist das Höchste für die Kinder. Seit Stunden tollen sie hier schon herum", erzählt Vater Karl Benedikt. Man sieht's an ihren roten Backen und den noch kräftiger roten Nasen. Ihr Fangerlspiel an diesem wunderschönen Herbstvormittag endet jedoch abrupt, als der Vater seinen Besuch ins Schloss bittet. Schnell schlüpfen die drei aus den Gummistiefeln raus und noch schneller geht's hinauf über die frischgebohnerte Holztreppe in den ersten Stock. Den bewohnt die Familie.

Der Herr auf Schloss Kleeberg bei Ruhstorf: Dr. Karl Benedikt von Moreau mit seiner Frau Nicoline, Tochter Ann-Sophie und den beiden Söhnen Karl-Nepomuk (rechts) und Johannes.

Nicoline von Moreau wartet schon. In einem kleinen Salon. Zum Kaffee. Die Herrin des Hauses ist eine geborene von Flotow. Mecklenburgischer Uradel. Der Vater stammte aus Schlesien und war Architekt in Essen. Die Mutter kam aus Oberbayern. Studiert hat Nicoline von Moreau in Tübingen, Florenz und Freiburg. Danach arbeitete sie im

Hans von Ruhstorf ließ ab 1610 Schloss Kleeberg im Renaissancestil erbauen. Im Jahre 1881 erwarben die Freiherren von Moreau Kleeberg.

Kupferstichkabinett in Berlin, beim Dumont-Verlag in Köln und als Dozentin im Köln-Bonner-Raum.

Nicht weniger weit herumgekommen ist ihr Mann. Karl Benedikt von Moreau studierte in München, Wien, Heidelberg und an der renommierten Universität von Yale in den USA, mit Studienaufenthalten in Indien und China. Promoviert zum Dokotor der Medizin hat er in Heidelberg, war später dort neben seiner Tätigkeit als Internist an der Uniklinik in einem Forschungsinstitut tätig und hat sich unter anderem viel mit der Kunst als medizinische Therapieform beschäftigt. Zu seinem Glück. Auf der Suche nach einschlägiger Literatur hat er seine Frau kennen gelernt, vielmehr „ausfindig gemacht", wie Nicoline von Moreau korrigiert: „Er hatte gehört, dass ich über entsprechende Literatur Bescheid wusste. Also hat er mich angerufen." Dabei ist es nicht geblieben. 1990 haben sie in Essen geheiratet.

Damals war Karl Benedikt von Moreau bereits der Herr auf Schloss Kleeberg. Sein Onkel Karl von Moreau, früher niederbayerischer Bezirktagspräsident, hatte seinem Neffen 1987 Schloss und Anwesen überschrieben. Und lange vorher wusste Karl Benedikt schon, dass er einmal das Gut und den Schlosskomplex mit einer Dachfläche von insgesamt 7000 Quadratmetern besitzen würde. „Ich war 12 Jahre alt, als mir mein Onkel davon erzählte." Eine psychische Belastung für so einen jungen Menschen? Der Baron schüttelt den Kopf. „Keineswegs. Mein Onkel hat mich mit dem Besitz langsam vertraut gemacht. Und er hat solange mit der Übergabe gewartet, bis ich das Studium abgeschlossen hatte. Er hat das wirklich fabelhaft gemacht." Der Baron schätzt seinen Onkel aber auch wegen dessen politischer Verdienste. Karl von Moreau war wesentlich beteiligt am Aufbau des niederbayerischen Bäderdreiecks, des Nationalparks Bayerischer Wald sowie dem Ausbau und der Modernisierung des Bezirkskrankenhauses in Mainkofen.

Karl Freiherr von Moreau war niederbayerischer Bezirkstagspräsident. Er übergab Schloss Kleeberg seinem Neffen Karl Benedikt von Moreau. Karl von Moreau starb 1997.

Ann-Sophies Lieblingsplatz ist das Baumhaus nahe dem Schloss. Zusammen mit ihrem Vater und den Brüdern hat sie den Bretterverschlag gebaut, den sie ihr „kleines Schloss" nennt.

Bis zum Umzug ins Schloss 1993 leitete Karl Benedikt von Moreau von Heidelberg aus den Betrieb. 1997 starb der Onkel, der für ihn wie ein Vater war. Sein leiblicher Vater, Herrmann von Moreau, starb bereits 1966. Seine Mutter, Gabriele von Moreau, ist keine unbekannte Frau: Opern- und Konzertsängerin war sie, Mitgründerin der Passauer CSU-Frauenunion und Kreisrätin. Die 1924 geborene Gabriele von Moreau leitete außerdem viele Jahre lang das Passauer Frauenhaus. Nach dem Tode ihres Mannes musste sie als 42-jährige Witwe allein für ihre drei Kinder sorgen, den damals siebenjährigen Karl Bendikt, die vierjährige Dorothée und den dreijährigen Ernst-Albrecht. In Passau.

Dort sind sie aufgewachsen. Karl Benedikt bewundert seine Mutter dafür – auch heute noch.

In einem Nebenhaus, nur wenige Meter vom Schloss entfernt, wohnt die Mutter. „Sie hat als Lehrerin für Klavier und Gesang gearbeitet und so den Unterhalt für uns Kinder verdient. Und sie hat immer versucht, uns im Sinne des Vaters zu erziehen. Bei vielen Entscheidungen hat sie oft zu uns gesagt: „Das hätte jetzt der Papi sicher so gemacht." Damit gab sie uns das Gefühl, als ob er wirklich anwesend gewesen wäre. Sie hat dieses Defizit wunderbar ausgeglichen. Und sie hat uns früh Verantwortung übertragen und uns gelehrt, damit umzugehen.

Heute ist Karl Benedikt von Moreau froh über diese Erfahrung. Umso leichter kann er die Verantwortung tragen, die er für Schloss Kleeberg übernommen hat. „Mein Onkel hat immer gesagt, dass das Anwesen aus den Einnahmen der dazugehörenden Forst- und Landwirtschaft nicht exisiteren kann", erinnert sich der Baron und gibt Karl von Moreau recht. Längst vorbei seien die Zeiten, in denen ein Gutshof seinen Besitzer finanziell unabhängig gemacht habe, damit dieser in der Welt draußen anderen Aufgaben nachgehen konnte. So konnte der Adel in Zeiten der Kaiser und Könige überwiegend in diplomatischen Diensten stehen oder hochrangige politische Ämter bekleiden. So auch bei der Familie von Moreau. Marc Antoine von Moreau, der Stammvater der Familie Moreau in Deutschland, war beispielsweise Generalverpflegungskommissär Napoleons und für den gesamten Nachschub der napoleonischen Truppen zuständig. „Heute muss ein Schlossbesitzer einen Beruf ausüben, um das Anwesen erhalten zu können", sagt der Baron. Karl Benedikt von Moreau hat sich in Bad Füssing als Allgemeinarzt niedergelassen – ein wirtschaftliches Standbein zum Erhalt seines Betriebes.

Gabriele Freifrau von Moreau war Opern- und Konzertsängerin.

Ein zweites ist die Vermietung von fünf Wohnungen, die zum Schlosskomplex gehören. Der Baron und seine Frau haben in mühevoller Arbeit und nach eigenen Ideen die alten Gemäuer renoviert, elegante Appartements daraus gemacht und vermietet. Unter anderem an einen bekannten Bildhauer, namhafte Kunsthistoriker und Glasgestalter. An kunstinteressierte Menschen eben. Die Baronin: „Mein Mann und ich lieben die Kunst, vor allem die klassische Moderne. Paul Cézanne zum Beispiel. Und wir lieben die Literatur, insbesondere die des 19. und 20. Jahrhunderts. Rainer Maria Rilke, Hugo von Hofmannsthal. Deshalb freuen wir uns, dass einige Nachbarn kunst- und kultur-

Hermann Freiherr von Moreau war Musikdirektor der Stadt Passau und Gründer des Südostbayerischen Städtetheaters sowie der Euopäischen Wochen. Er starb 1966.

interessiert sind und mit ihnen ein Stück Kultur hier ins Schloss eingezogen ist."

Natürlich mag das Paar auch die Musik. Sie musizieren selbst daheim. „Jeden Tag mit den Kindern", versichert die Baronin. Karl Benedikt von Moreau spielt Klavier, seine Frau Querflöte und Gitarre. „Ich kann auch Klavier", meldet sich Ann-Sophie stolz zu Wort. Schauspielerin möchte sie einmal werden. Weil ihr das Schlüpfen in andere Rollen so gut gefällt. „In einem Nikolausspiel war ich schon mal das Kind, das in den Sack gesteckt worden ist", schwärmt das Mädchen. Karl-Nepomuk und Johannes lernen noch kein Instrument. Dafür sind sie noch zu klein. Aber sie beherrschen die Mundharmonika einfach „perfekt", wie nicht zu überhören ist. So ein Besuch im Schloss inspiriert junge Talente halt einfach. Die Eltern nehmen's gelassen.

Drittes wirtschaftliches Standbein ist eine kleine Bauträgerfirma. Karl Benedikt von Moreau hat sie 1998 gegründet. Den Anbau von Artischocken betreiben er und seine Frau nur noch für private Zwecke. In den 30er Jahren wurde auf dem Gut das südländische Gemüse kultiviert und an führende Hotels wie das weltberühmte „Adlon" in Berlin geliefert. Bayerns erste Artischockenzucht war damals ein bedeutender Wirtschaftsfaktor für den Schlossbetrieb. Heute erinnert nur noch ein altes Firmenschild mit Artischocken-Motiv daran. Es lehnt an einer Mauer. Bei der Renovierung ist es wieder zum Vorschein gekommen.

Auf dem Weg zu Ann-Sophies Lieblingsplatz spazieren wir am Marien-Brunnen vorbei. Hier lädt Nicoline von Moreau die Kinder der Gegend jedes Jahr zu einer Maiandacht ein. Dann wird ein von ihr selbst geschriebenes religiös-geistliches Stück aufgeführt, das sie mit den Kindern Wochen zuvor einstudiert hat. Die Religion – für die Baronin und ihren Mann eine tragende Säule im Leben. Nicoline von Moreau war evangelisch und ist zum katholischen Glauben konvertiert. Vor ihrer Ehe mit einem Katholiken. „Ich fühlte mich schon immer mehr der katholischen Liturgie hingezogen und bin oft in die katholische Messe gegangen." Lange habe sie gezögert, sich beim Konvertierungsunterricht intensivest mit den verschiedenen Konfessionen auseinandergesetzt. „Mein Herz hat sich dann für die katholische Kirche entschieden. Ich bin froh darüber, gerade auch, weil wir hier nun im überwiegend katholischen Niederbayern wohnen. Da ist es einfach schön, wenn man die religiösen Bräuche und Traditionen mitleben kann."

Wir haben das Baumhaus erreicht. Ann-Sophies Lieblingsplatz. Jede freie Minute verbringt sie dort. Zusammen mit ihrem Vater und den Brüdern hat sie den Bretterverschlag gebaut – ihr kleines Schloss mit herrlicher Aussicht auf das große. Dort soll in nächster Zeit im zweiten Stock ein früherer Saal wieder hergestellt werden. Für das Ehepaar von Moreau eine „kreative Chance", wie sie sagen. Der Baron: „Die Familie, Freunde, Bekannte, Künstler und Gelehrte sollen sich in dem Saal dann wieder treffen können wie einst." Nach dem Krieg fanden im Schloss die sogenannten „Kleeberger Gepräche" statt, wo sich führende Politiker, Theologen, Geisteswissenschaftler

Karl Benedikt von Moreau hält sich gerne in der Natur auf. Beim Spaziergang mit der Familie kann er sich vom anstrengenden Arzt-Alltag erholen.

und Künstler versammelten. „Diese Tradition möchten wir gerne wieder aufleben lassen.“

Ein Leben mit und für die Kultur – so könnte man die Einstellung des Ehepaares auf einen Nenner bringen. Wen wundert's! Seit Jahrhunderten gehören zur Familie von Moreau Künstler und Gelehrte. Der Ur-Ur-Großvater von Karl Benedikt von Moreau war Jurist, Landwirt und Bildhauer. Seine Mutter Sängerin. Sein Vater Musikdirektor der Stadt Passau und Gründer des Südostbayerischen Städtetheaters sowie der Europäischen Wochen. Der Baron: „Es ist schön, dass sich beide Einrichtungen in Passau über die Jahre so erfolgreich halten konnten. Vor allem die Europäischen Wochen sind wirklich hochkarätig. Dank seines Intendanten Pankratz Freiherr von Freyberg. Er ist eine absolute Bereicherung für den Kulturraum Niederbayern.“

Und dennoch ist weder die Kultur, noch der Schlossbetrieb Lebensinhalt des Paares. Die Familie ist es, versichert die Baronin: „Wir wollen aus unseren Kindern wertvolle Menschen machen. Menschen mit Verstand und Herz. Glückliche Menschen sollen sie sein. Egal, wo sie leben werden. Entweder hier auf Schloss Kleeberg oder irgendwo anders auf der Welt.“ Und sie sollen einmal die Musik des Lebens hören. „Aber das ist ein weites Feld“, wie Theodor Fontane auch zu sagen pflegte.

Stammbaum: Schloss Kleeberg

Die Ursprünge der Familie liegen in der Normandie in Frankreich. Als Stammvater der deutschen Linie gilt Marc Antoine von Moreau. Er war Generalverpflegungskommissär Napoleons. Nach seinem Tod zog seine Witwe, eine geborene Hansmann aus Suben am Inn, mit ihren beiden Söhnen nach Bayern. Die Familie ließ sich zuerst in Oberbayern (Schloss Taufkirchen) nieder. Historisch erwähnenswert ist Friedrich Freiherr von Moreau (1814–1885). Er war der Ur-Ur-Großvater des heutigen Schlossherrn und von Beruf Jurist, Landwirt und Bildhauer. Er arbeitete für die Bayerische Regierung als Hygienebeauftragter. Auf seine Anregung hin wurde unter anderem die Kanalisation in München gebaut; seither gab es in München keine Typhus-Epidemie mehr. Im Jahre 1881 erwarb sein Sohn Ferdinand (1854–1934), Dr. jur. und Königlich bayerischer Kämmerer, Schloss Kleeberg.

Wohl auf Resten einer mittelalterlichen Burganlage, die im 14. Jahrhundert erstmals erwähnt ist, ließ Hans von Ruhstorf ab 1610 die jetzige Schlossanlage im Renaissancestil erbauen. Zu Beginn der Barockzeit erhielt Kleeberg seinen jetzigen Charakter sowohl in der Außengestaltung, als auch durch die Stuckarbeiten aus der Werkstatt Carlone. 1754 wurde die jetzige Kapelle mit einer Rokokostuckdecke von Johann Baptist Modler zuerst als Festsaal gebaut und 1760 zur Kapelle umgewidmet. Hier finden auch heute noch wöchentliche Gottesdienste statt.

Die Besitzer von Kleeberg wechselten relativ häufig. Im 18. und 19. Jahrhundert lebten die Grafen Taufkirchen in Kleeberg. Im Jahre 1881 erwarben die Freiherren von Moreau Kleeberg und führten noch einige kleinere Umbauten durch, insbesondere wurden die Ökonomiegebäude neu errichtet. Von 1988 bis 1990 fand die erste große Außenrenovierung statt.

Bild rechts:
Die Geschwister von Moreau verstehen sich gut (v. l.): Ernst-Albrecht, Dorothée und Karl Benedikt.

19 C + M

Die Autoren

Lebenslauf: **Eva Maria Fuchs, Redakteurin**

Geboren:	29. Januar 1963 in Padling (Gemeinde Hunding, Lkr. Deggendorf)
	Verheiratet, zwei Kinder: Raffael und Rebecca
Wohnung:	Ruderting, Lkr. Passau
Werdegang:	Abitur am Robert-Koch-Gymnasium in Deggendorf Studium der Rechtswissenschaft in Passau und München
	Während des Studiums freie Mitarbeit bei der Passauer Neuen Presse
	Nach dem Studium Volontariat bei der Passauer Neuen Presse
	Seit 1993 Redakteurin bei der Passauer Neuen Presse

Lebenslauf: **Manuel Birgmann, Fotograf**

Geboren:	8. Mai 1965 in Plattling
	Verheiratet, zwei Söhne: Luca und Timmo
Werdegang:	Abitur am Deggendorfer Robert-Koch-Gymnasium
Fotografenlehre:	in Regensburg
	Seit 1986 freier Mitarbeiter der Passauer Neuen Presse
	Seit 1989 als selbständiger Fotograf tätig (u. a. auch als medizinischer Fotograf an der Regensburger Uniklinik)
	Seit 1990 schwerpunktmäßig als Fotoreporter für die Passauer Neue Presse im Einsatz

Inhalt

Vorwort:
Eva Maria Fuchs 5

Vorwort:
Dr. Karl Benedikt Freiherr von Moreau 6

Baron Ali von Wolffersdorff mit seiner Familie (Oberzwieselau) 9

Myrrha Freifrau von Aretin und ihre Familie (Haidenburg) 18

Maria Theresia Gräfin von und zu Arco-Zinneberg und ihre Familie (Moos) 25

Stephan Freiherr von Poschinger und seine Familie (Frauenau) 34

Ursula Gräfin von Schönburg-Glauchau und ihre Familie (Röcklmühle) 45

Katalin Freifrau und Johann Carl Freiherr von Hoenning O'Caroll
und ihre Familie (Sünching) 51

Otto Graf von La Rosée und seine Familie (Thurnstein) 59

Anton Freiherr von Cetto (Oberlauterbach) 66

Dietrich Freiherr von Gumppenberg (Peuerbach) 74

Karl Benedikt Freiherr von Moreau und seine Familie (Kleeberg) 80

Die Autoren 88